BERTRAND BAREILLES

UN TURC A PARIS

1806-1811

RELATION DE VOYAGE ET DE MISSION DE MOUHIB EFFENDI

AMBASSADEUR EXTRAORDINAIRE

DU SULTAN SELIM III

(D'après un manuscrit autographe.)

ÉDITIONS BOSSARD

43, RUE MADAME, 43

PARIS

1920

UN TURC A PARIS

1806-1811

RELATION DE VOYAGE ET DE MISSION

DE

MOUHIB EFFENDI

DU MÊME AUTEUR

Les Turcs. — *Ce que fut leur empire. Leurs Comédies politiques.* 1917. Librairie académique Perrin et Cie. Prix.... **3.50**

Constantinople. — *Ses Cités Franques et Levantines* (Péra, Galata, Banlieue). Avec une planche hors texte par Edgar Chahine, 32 illustrations dans le texte par Adolphe Thiers et un plan de Constantinople, 1918, Éditions Bossard. Prix.. **9 »**

Le Rapport secret sur le Congrès de Berlin adressé à la S. Porte par Carathéodory Pacha, premier plénipotentiaire ottoman, 1917, Éditions Bossard. Prix....................................... **3.90**

BERTRAND BAREILLES

UN TURC A PARIS

1806-1811

RELATION
DE VOYAGE ET DE MISSION
DE
MOUHIB EFFENDI

AMBASSADEUR EXTRAORDINAIRE DU SULTAN SELIM III

D'APRÈS UN MANUSCRIT AUTOGRAPHE

ÉDITIONS BOSSARD
43, RUE MADAME, 43
PARIS
1920

UN DIPLOMATE TURC A PARIS

PREMIÈRE PARTIE

RELATION DIPLOMATIQUE DE MOUHIB EFFENDI (1)

A l'étalage d'un bouquiniste, au grand bazar de Stamboul, je découvris un jour un manuscrit turc enfermé dans un étui de maroquin rouge, suivant l'usage du temps. Au dos, ce titre calligraphié à l'encre de Chine : *Relation d'un ambassadeur à Paris*. C'est ainsi qu'il m'a été donné de faire connaissance avec Seïd Abdurrahman Mouhib

(1) Le titre d'*effendi* correspond à celui de monsieur. D'origine byzantine il signifie seigneur. Il a conservé cette acception pour désigner les princes de la famille impériale. Ce titre a été longtemps l'apanage de quiconque en Turquie savait lire et écrire. C'était le cas des ulémas et des fonctionnaires de l'ordre sacré. On réservait aux autres le titre d'*aga* qui ne se donne plus qu'aux eunuques.

effendi, *nichandji* [1] et envoyé extraordinaire à Paris où il résida de 1806 à 1811. Les historiens le citent à peine ou ne le nomment qu'en passant, ce qui pourrait donner lieu de croire que tout envoyé extraordinaire qu'il fut, il ne joua qu'un rôle effacé. Tel cependant ne fut point le cas. Si l'on songe, en effet, que ses négociations avec Talleyrand aboutirent à un traité d'alliance à la suite duquel le général Sebastiani fut envoyé à Constantinople, et dont l'influence fut un instant prépondérante dans les conseils du Divan, on est obligé de reconnaître que la mission de Mouhib effendi a été l'une des plus importantes qu'ait jamais remplies en France un ambassadeur turc. Il est non moins important de signaler que c'était la première fois que le Divan maintenait aussi longtemps une ambassade en pays chrétien. Il inaugurait à cette occasion un système qui ne devint définitif que 36 ans plus tard.

Le manuscrit comprend deux parties. Dans la première l'auteur relate son voyage en France, dont il fait un naïf tableau qu'il trace en traits rapides, mais incisifs de ses mœurs et de ses institutions. L'autre, malheureusement incomplète, contient les premières lettres de sa correspondance politique ; mais comme elles renferment en puissance les traits essentiels de la politique orientale de Napoléon et — détail intéressant — les causes

[1] Garde des sceaux.

originelles des résistances turques à ses projets sur l'Orient, elles n'en constituent pas moins un document des plus précieux.

Contrairement à l'usage des Orientaux, Mouhib effendi entre tout d'abord, comme il le dit lui-même, dans le vif de son sujet. « Les Français, fait-il remarquer, ont coutume, lorsqu'ils se rencontrent, de parler sans transition de leurs affaires, sans s'attarder aux compliments. » On sait qu'en Turquie ce n'est qu'après avoir pris une tasse de café et échangé force paroles aimables qu'il est permis de s'entretenir de choses sérieuses.

Le récit débute ainsi :

« Au nom du Dieu clément et miséricordieux. »

« A l'occasion du sacre de Napoléon un Iradé m'a chargé de porter, avec des présents, les félicitations du padischah à cet empereur. A cette occasion, le padischah m'a conféré le grade de *nichandi.* Mettant ma confiance en Dieu, je quittai Stamboul par la voie de mer et après avoir débarqué à Varna je gagnai Routchouk. Puis, traversant à cet endroit le Danube, je m'acheminai vers Pecht et Bude où je m'arrêtai quelques jours pour me reposer des fatigues du voyage. Ensuite, je traversai par petites journées les royaumes de Bavière et du Wurtemberg et, par Strasbourg, ville qui se trouve sur la frontière de France, j'arrivai à Paris où, par la volonté de Dieu, je séjournai cinq ans de ma vie pour y remplir, suivant la volonté du padischah, la mission confiée à son humble esclave. Je n'y négligeai ni les petites ni les grandes affaires. Un autre Iradé m'ayant rappelé après ce laps de temps mit fin à cette mission.

« A l'imitation des ambassadeurs envoyés jadis dans les pays infidèles et prenant pour modèle *Yiermi Sekiz tchélébi* qui fut envoyé en France en l'an 1132, j'ai écrit, par ordre, une relation sur le séjour que j'ai fait dans ce pays [1]. Il a décrit tout ce qu'il y vit : illuminations, fusées, fêtes de l'opéra, bals, les animaux et les bassins où nagent les cygnes, enfin tout ce qui piqua sa curiosité ; mais depuis ce temps des améliorations ont été apportées dans la vie de ces peuples, de sorte que ces récits sont pleins de lacunes. J'essaierai d'y remédier en écrivant ce qu'il n'a pas dit et en consignant ici tout ce que j'ai pu voir de leurs usages et comprendre de leurs lois. Aussi m'arrivera-t-il de raconter des choses extraordinaires. Je prie le lecteur de ne point mettre en doute l'exactitude de mes récits auxquels je n'ai rien ajouté au delà de ce que mon œil a vu et de ce que l'oreille a entendu. Pourquoi, d'ailleurs, ne me croirait-on pas ? Il est vrai qu'*entendre n'est pas voir* ; mais à qui n'est-il pas arrivé de voir dans le monde des choses extraordinaires ? Ainsi, si l'on entreprenait d'expliquer à quelqu'un qu'une montre peut marquer sur un même cadran l'heure à la turque et l'heure à la *franca*, il contesterait le fait

---

(1) Il s'agit de Mehmed effendi, surnommé Yiermi Sekiz tchélébi, envoyé à Versailles pendant la minorité de Louis XV.

et chacun sait partout aujourd'hui que cette merveille n'est que trop réelle. »

Sur la vie de cet ambassadeur je n'ai pu rien découvrir, sauf qu'en 1793 il était secrétaire du Divan et qu'il négocia avec le citoyen Descorches, envoyé extraordinaire de la République, un projet d'alliance avec la Porte. Les Turcs, en cette circonstance, signèrent tout ce qu'on voulut, mais se soucièrent peu de tenir aucune de leurs promesses, persuadés que le régime républicain ne présentait aucune chance de durée. J'ai trouvé seulement dans la note d'un livre paru en 1821 que « le vertueux Mouhib effendi » était tombé en disgrâce et qu'il vivait oublié dans une retraite complète. Sa correspondance diplomatique révèle un homme prudent, tenace, ennemi des responsabilités, et doué d'un esprit de pénétration assez commun chez ses compatriotes.

Ce fut en 1806, au lendemain d'Austerlitz, que le Sultan Selim III l'envoyait à Paris. Il y trouvait un terrain préparé et les meilleures dispositions pour renouer les relations de bonne entente entre la France et la Turquie que l'expédition de Bonaparte en Égypte avait rompues. Déjà le traité signé avec Seïd Ali avait marqué le premier pas vers la réconciliation ; en 1804 le général Brune se rendait à Constantinople pour notifier au Divan l'avènement de son maître au trône impérial. A Paris, Mouhib effendi apportait, comme il le dit, les félicitations et les présents du Sultan à l'occasion du sacre. En réalité, ce n'était là qu'un prétexte. Si, pour la première fois, la Porte, dérogeant à ses habitudes, envoyait en France un ambassadeur à poste fixe, c'était surtout pour surveiller de près l'action de la politique française et pénétrer les intentions de Napoléon.

L'expédition d'Égypte avait suscité la plus vive émotion dans l'Empire ottoman en mettant en lumière la faiblesse du monde islamique en même temps que les ambitions européennes sur l'Orient. C'était la première fois depuis les Croisades qu'une armée chrétienne foulait victorieusement une terre musulmane et cet événement était d'autant plus fait pour alarmer le Divan que l'Égypte est la clef des portes qui s'ouvrent sur les Lieux-Saints, le point sensible du khalifat. Le Divan mit alors à la disputer aux Français le même acharnement que les Jeunes Turcs ont déployé en ces derniers temps pour amener la Grande-Bretagne à tenir ses promesses d'évacuation. En 1798, les Turcs ameutaient l'Europe entière contre la France ; en 1914, ils lieront partie avec le bloc germanique pour dégager les mêmes lieux de l'emprise britannique.

Cependant le Divan croyait deviner que les Anglais n'avaient aidé à l'expulsion des Français du sol égyptien que pour s'y établir à leur place. Aussi les propositions d'entente de la France qui allaient servir de base aux préliminaires de paix signés à Paris (novembre 1801) avaient-elles été accueillies avec empressement. La France abandonnait ses prétentions sur ce pays, évacuait les îles ioniennes et garantissait l'intégrité de l'Empire ottoman. De son côté, le Divan rendait aux commerçants français les biens qu'il leur avait confisqués. Il remettait en liberté ceux qu'il avait incarcérés au château des Sept-Tours en même temps que le conseiller d'ambassade Rufin. A la nouvelle que les Français avaient débarqué à Alexandrie, le Divan avait ameuté la populace de Galata contre l'ambassade de France qu'elle mit au pillage. L'ambassade y perdit de précieuses archives et les quelques richesses que les rois y avaient entassées depuis Henri III. On raconte que ces excès furent commis à l'instigation de l'ambassadeur d'Angleterre, lord Elgin, celui-là même qui dépouilla le Parthénon de sa frise et martela les marbres qu'il ne put arracher. On peut croire cependant que les Turcs n'avaient pas besoin des excitations de cet Anglais pour se livrer à des excès dont leur histoire n'offre que trop d'exemples.

On voit que tous les avantages stipulés dans le traité de 1801 étaient pour les Turcs. Dans les négociations qui préparèrent le traité d'alliance de 1806 la France se bornait à leur demander la restitution de son droit de protection séculaire sur les Lieux-Saints que l'Autriche et l'Espagne avaient usurpé. Elle leur demandait aussi le privilège de les protéger et même celui de les réformer. Les Turcs se laissèrent protéger, mais refusèrent de se laisser réformer. Napoléon leur demandait un peu de confiance et un peu de soumission : il n'obtiendra ni l'une ni l'autre. Ils avaient vu d'un œil mauvais l'occupation de la Dalmatie par le corps de Marmont et ils redoutaient les conséquences d'une démonstration qui plaçait les vainqueurs des Pyramides à proximité de la Bosnie. Méfiants plus que jamais, ils s'en tinrent à cette politique de bascule qui a constitué le fondement unique des relations du Divan avec les Etats chrétiens. Enfin Napoléon s'aliénera les Slaves, au profit des Germains, sans parvenir à s'attacher les Turcs.

Cependant tous les traités n'eussent point suffi à les décider à accepter l'amitié de Napoléon qu'ils affectaient de nommer Bonaparte si la victoire d'Austerlitz ne leur eût appris qu'il fallait compter avec lui. Une politique de ménagement s'imposait d'autant plus impérativement à cette heure que les Russes entraient en Moldavie et qu'on les soupçonnait, non sans raison, d'attiser la révolte serbe. Ils manœuvrèrent donc en conséquence, c'est-à-dire à la levantine, en se rapprochant de la France sans rompre avec les Russes et les Anglais, encore leurs alliés, ce qui leur permettra d'avoir des amis dans les deux camps. Croyant peu au désintéressement de l'infidèle en qui ils voient un ennemi né, ils garderont le plus longtemps possible cette position avantageuse qui leur permettra de les manœuvrer à tour de rôle, suivant leurs craintes ou leurs espérances. L'occasion d'utiliser cette tactique allait se présenter plus tôt qu'ils n'eussent pensé. Tandis que se déroulaient à Paris les négociations du traité d'alliance par quoi Napoléon se flattait de les rallier à ses desseins contre la Russie, voilà que survient tout à coup la nouvelle que les Français venaient d'entrer à Raguse. Il semble que le cabinet des Tuileries ne se soit jamais bien rendu compte de l'émotion profonde que cet épisode causa dans les milieux ottomans. Mouhib effendi en éprouva un tel saisissement qu'il se crut, comme il l'écrit, *tombé en paralysie.* Tributaires de la Porte, les Ragusains pouvaient être considérés à juste titre comme des *demi-rayas*, et le territoire de leur petite république comme faisant partie de l'Empire ottoman, tout comme la Moldo-Valachie. Pour être provisoire et colorée d'un motif d'opportunité, la prise de Raguse n'en constituait pas moins une violation du traité de 1801. Mais Napoléon s'en tiendrait-il là ? N'entrait-il pas dans ses desseins de faire de cette position une base d'opérations par où, maintenant que la route des mers lui était fermée, il se glisserait dans les Balkans pour atteindre l'Asie, objet de sa convoitise ? Telles étaient les craintes à Stamboul. Les explications les plus rassurantes ne les dissiperont jamais. Cette affaire fut à la source de toutes les difficultés que rencontrera Sebastiani dans l'accomplissement de sa mission à Constantinople. Il sera épié, surveillé dans tous ses actes, et tout ce qu'il proposera apparaîtra suspect et comme vicié d'une arrière-pensée. Sa situation s'aggravera de l'idée qui s'était répandue qu'il n'avait été envoyé à Constantinople que pour appuyer les projets de réforme militaire du Sultan. Effectivement celui-ci ne cachait pas trop l'envie qu'il avait de se débarrasser de ses janissaires ; mais ce projet ne fut pas moins fatal aux desseins de l'Empereur qu'à ce souverain qui était étranglé deux ans après par ceux qu'il voulait réformer. Il y a lieu de croire que Mouhib effendi devait compter parmi les partisans de cette réforme si l'on s'en rapporte à l'ampleur et à la précision de l'analyse qu'il a faite du système militaire français et à la lettre secrète qu'il remit à Napoléon et qui ne visait vraisemblablement qu'à s'assurer son concours pour la mener à bien.

Mouhib effendi fut reçu en audience le 5 juin 1806. L'empereur donna à la réception un éclat propre à impressionner ce haut dignitaire du sérail. En voici le compte rendu d'après le *Moniteur* :

« A 11 heures S. E. le grand maître des cérémonies avec quatre voitures impériales et une escorte de 50 hommes à cheval sont allés à son hôtel (1). L'Empereur était sur son trône entouré des princes, ministres et grands officiers de sa maison et des membres du Conseil d'État. L'ambassadeur, arrivé à la salle du trône, fait trois profondes révérences,

(1) Il habitait l'hôtel de Monaco, rue Saint-Dominique, démoli en 1861.

la première en entrant, la deuxième au milieu de la salle et la troisième au pied du trône. L'Empereur alors l'a salué en ôtant son chapeau qu'il a remis ensuite. L'ambassadeur a adressé en langue turque un compliment qui a été traduit par l'interprète français. »

« SIRE,

« S. M. l'empereur de toutes les Turquies, maître des deux continents et des deux mers, serviteur fidèle des deux villes saintes, Sultan Selim han, dont le règne soit éternel, m'envoie à S. M. impériale et royale, Napoléon, le plus grand parmi les souverains de la croyance du Christ, l'astre éclatant de la gloire des nations occidentales, celui qui tient d'une main ferme l'épée de la valeur et le sceptre de la justice, pour lui remettre la présente lettre qui contient les félicitations sur l'avènement au trône impérial et royal et l'assurance d'un attachement pur et parfait.

« La S. Porte n'a cessé de faire des vœux pour la prospérité de la France et pour la gloire que son sublime et immortel empereur vient d'acquérir et elle a voulu manifester hautement la joie qu'elle en ressentait. C'est dans cette vue, Sire, que mon souverain, toujours magnanime, m'a ordonné de me rendre près du trône de V. M. impériale et royale pour la féliciter de votre avènement au trône et pour lui dire que les communications ordinaires ne suffisant pas dans une pareille circonstance, il a voulu envoyer un ambassadeur spécial pour signaler d'une manière éclatante les sentiments de confiance, d'attachement et d'admiration dont il est pénétré pour un prince qu'il regarde comme le plus ancien, le plus fidèle et le plus nécessaire ami de son empire. »

« A quoi l'empereur répondit :

« Monsieur l'Ambassadeur,

« Votre mission m'est agréable. Les assurances que vous me donnez des sentiments du Sultan Selim, votre maître, vont à mon cœur. Un des plus grands, des plus précieux avantages que je veux retirer des succès qu'ont obtenus mes armes, c'est de soutenir et d'aider le plus utile, comme le plus ancien de mes alliés. Je me plais à vous en donner publiquement et solennellement l'assurance. Tout ce qui arrivera d'heureux ou de malheureux aux Ottomans, sera heureux ou malheureux pour la France. Monsieur l'Ambassadeur, transmettez ces paroles au Sultan Selim ; qu'il s'en souvienne toutes les fois que nos ennemis, qui sont aussi les siens, voudront arriver jusqu'à lui. Il ne peut jamais rien à avoir à craindre de moi ; il n'aura jamais à redouter la puissance d'aucun de ses ennemis. »

« L'ambassadeur, après qu'il eut porté à ses lèvres la lettre de Sa Hautesse, la présenta à l'empereur qui la remit à S. E. le ministre des Relations extérieures. Puis, faisant trois autres révérences, il se retira dans une salle voisine de celle du trône où les présents du Grand Seigneur avaient été étalés sur une table. L'Empereur, averti par le grand maître des cérémonies et précédé par lui, s'est rendu dans cette salle et l'ambassadeur, après avoir fait une révérence à S. M., lui a offert les présents qui consistaient en une aigrette de diamants et une boîte très riche ornée de diamants et ornée du chiffre du sultan. L'ambassadeur a montré également les présents destinés à l'impératrice et qui consistent en un collier de perles, en parfums et en magnifiques étoffes. L'Empereur, après avoir tout examiné avec intérêt, s'approcha d'une fenêtre donnant sur la cour pour voir les harnais de la plus grande richesse et dont les chevaux étaient caparaçonnés.

« Puis S. M. étant rentrée dans la salle du trône, l'ambassadeur extraordinaire a été conduit à l'audience de S. M. l'impératrice qui l'a reçu debout, entourée des princesses, de ses dames et officiers. »

Telle fut cette audience sensationnelle qui rappelle, par le faste déployé, les somptueuses réceptions de la Renaissance. L'ambassadeur turc et les gens de sa suite, dans toute la majesté de leurs riches caftans aux plis harmonieux, coiffés d'hiératiques turbans de soie, entrant dans la salle sous les regards de cette foule de princes, de généraux et de dignitaires qui entouraient le trône de l'incomparable empereur, ajoutaient à cette cérémonie tout l'éclat que l'on peut imaginer.

Cependant divers incidents, que l'auteur narre

avec force détails, se produisirent avant la réception et faillirent en troubler la majestueuse sérénité. Talleyrand avait, avant tout, manifesté le désir de prendre connaissance du discours qu'il allait prononcer. Se l'étant fait communiquer, il lui fit observer que le titre de « Roi de Rome » qu'il avait espéré y trouver ne figurait point dans le texte et il demanda qu'il y fût joint à celui d'Empereur. Mouhib effendi s'y refusa nettement sous prétexte que ses instructions n'avaient point prévu le cas. Il se gardait bien de dire que le pacte qui liait encore la Turquie à l'Angleterre et à la Russie et à l'Autriche lui interdisait toute concession sur ce point délicat. Vainement, le général Sebastiani le pressa-t-il de donner cette satisfaction au protocole. Il demeura inflexible. On ne sait comment celà aurait fini si l'Empereur n'était intervenu dans le débat pour qu'il fût fait selon sa volonté.

Cet incident clos, un autre surgit au dernier moment. Le maître des cérémonies qui devait l'accompagner au palais s'avisa de vouloir occuper la première place dans le carrosse. Le Turc, jugeant qu'il y allait de sa dignité, déclara qu'il n'admettrait point une pareille prétention, que la cérémonie était pour lui seul et qu'il n'entendait en céder l'honneur à personne. Qu'au surplus, il n'éprouvait aucun besoin d'être accompagné et qu'il saurait bien aller tout seul chez l'Empereur. Cela dit, et prenant les devants, il monta dans le carrosse et s'assit à la place qui lui convenait.

Toutefois, le lendemain il faisait une découverte désagréable. En se faisant lire le *Moniteur* il découvrait que le titre de « Roi de Rome » qu'il avait refusé de mentionner, ne figurait pas moins dans son discours. Ce fait lui causa tant de surprise qu'il devint d'une prudence extrême, au point qu'il n'osa plus rien entreprendre sans en référer à Stamboul. Un incident en dira long sur son état d'esprit. Parmi les cadeaux qu'il devait distribuer se trouvait un coffret destiné au prince Eugène, alors en Italie. Cette circonstance lui fut l'occasion d'un grave embarras. Si le prince s'était trouvé à Paris, il lui eût remis le coffret de la main à la main, mais le coffret devant passer les Alpes, à quelle adresse l'expédierait-il ? Au prince, ou bien au lieutenant de l'Empereur Roi ? Dans l'un et l'autre cas, il risquait de mécontenter quelqu'un.

Ne sachant quel parti prendre il en écrivit à son chef le *Réis-ul-Kuttab.* Celui-ci, pour toute réponse, lui ordonna d'envoyer sans retard l'objet à son destinataire en lui donnant le titre qu'il lui plairait.

Sans doute, pour plus de précision il emploie dans ses lettres la forme du dialogue.

Après qu'il eut présenté ses hommages à l'impératrice, il fut invité à table. Au cours du repas, l'empereur lui parla des pachas qu'il avait eu l'occasion de combattre en Orient.

Comme il portait un jugement sévère sur Djezzar pacha, dit le *boucher* à cause de sa réputation de cruauté, celui-là même qui avait résisté à ses armes à Saint-Jean-d'Acre, l'ambassadeur répliqua :

« Sire, soyez indulgent : Djezzar est un homme dévoué au padischah. Il a été élevé à l'ombre du Sérail et malgré son origine de montagnard kurde il n'en est pas moins digne du poste dont l'a honoré la faveur de notre maître.

— Quant à Yousouf pacha, reprit Napoléon, j'ai appris avec plaisir qu'il vient d'être comblé d'honneurs. Je regrette la mort de Capétan Hussein. C'était le type de l'homme brave et dévoué.

A quoi j'ai répondu : — Yousouf pacha est un homme aussi brave que feu Capétan Hussein sous les ordres de qui il servit au sortir de *l'enderoun*, et comme *il est dans l'œil du Maître*, j'espère que par la volonté de Dieu il servira fidèlement.

Puis, l'Empereur se levant de table passa dans une pièce voisine où la conversation continua. Il fit allusion à la révolte des Serbes et aux conséquences qu'elle pouvait avoir au point de vue de la tranquillité de l'Empire ottoman. Hardiment, Mouhib effendi lui fait entendre que cette révolte n'aurait jamais eu lieu sans l'expédition d'Égypte. « Vous conviendrez, lui dit-il, qu'ils ont pris naissance à la suite de cette affaire. La situation était telle à ce moment que les firmans ne purent être rédigés, tant était grande l'incertitude. Si cet événement ne s'était pas produit, le calme n'aurait pas été troublé dans ces provinces. Ce disant, je voulais faire allusion à la question d'Égypte.

— J'en conviens, dit Bonaparte, mais dorénavant tout ira pour le mieux. Qu'on le sache bien.

« J'ai ajouté : — Non seulement la paix est utile aux deux nations, mais à votre propre repos.

« — Mais je suis jeune encore, répond Bonaparte. Je ne crains pas la guerre. Ma dernière campagne contre la Russie ne visait qu'à m'assurer les bouches de Cattaro. Je les ai, mais au fait à quoi peuvent-elles me servir ? Elles ne seront jamais pour moi qu'une occasion de dépenses.

« — En effet, dis-je, ce ne doit pas être un pays fertile.

« Napoléon continue :

« — La Dalmatie non plus ne m'est guère plus utile. Toutefois, si cette contrée devait être pour l'Empire ottoman un sujet d'inquiétude, je tiens à ce qu'elle reste occupée par mes soldats.

« — Ce ne doit pas être non plus un pays fertile, ai-je insinué.

« — Oui, c'est une sottise que de toujours faire la guerre ; mais je la ferai cependant aussi longtemps qu'on me mettra dans l'obligation de sauvegarder les intérêts de mon pays et les miens.

« — Les paroles de Votre Majesté sont conformes aux principes du *Chéri*, ai-je remarqué. Nous ne faisons jamais la guerre, nous, sans y être contraints par une nécessité.

« Cet entretien se faisait debout. Pensant qu'il devait être fatigué, je lui dis de s'asseoir.

« — Non, répondit-il : je me plais ainsi.

« Sachez, reprit-il, que la Russie et l'Autriche sont

d'accord pour attiser la révolte de Karageorges, et que le but de la Russie est de faire de la Serbie une principauté sur le modèle de la Moldo-Valachie. Il ne faudrait pas que le Sultan cédât sur ce point.

« — Il s'en gardera bien, lui dis-je, mais la complicité des deux nations n'est pas encore démontrée. Maintenant j'ignore si elles n'attisent pas le feu en sous-main. Animé du désir d'éviter tout dommage aux enfants, aux femmes et aux sujets paisibles, l'Etat sublime n'a pas cru devoir intervenir encore militairement. Il est en proie aux mêmes préoccupations qu'au moment du siège de Vidin. L'affaire d'Égypte ayant éclaté le capétan pacha Hussein dut s'y porter avec toutes ses forces.

« — C'est juste, répond Napoléon après avoir réfléchi un instant. Mais cela n'est pas à rapprocher avec le reste. Et tout en disant cela, il sabrait fébrilement de la main.

« Je poursuivis : — C'est le gouverneur d'Alexandrie, Ibrahim pacha qui a été désigné pour étudier cette affaire et l'on peut croire qu'il y a apporté une solution. J'en ai le pressentiment.

« — Pensez-vous, me demande alors Napoléon, qu'Ali pacha Tepelen ait des sympathies russes.

« — J'ignore s'il aime les Russes ou non ; mais je peux vous affirmer qu'il ne trahira jamais les intérêts de l'État... Maintenant, en ce qui concerne l'Égypte, voici la situation : A Alexandrie et aux environs de cette place notre padischah a envoyé des vizirs puissants et dévoués qui disposent de fortes armées, de 50 à 60,000 hommes et qui marcheraient sur un signe de la S. Porte. Je ne compte point les levées qu'ils peuvent faire sur le territoire même en cas d'urgence.

« Sur ces derniers mots, il me demanda si j'avais reçu son billet d'invitation.

« J'ai répondu affirmativement, mais que ne sachant pas moi-même le français et n'ayant trouvé à Paris personne qui comprenne bien le turc, même ceux qui font profession de l'enseigner, j'avais eu beaucoup de peine à le faire déchiffrer.

« — En effet, dit Napoléon, c'est chose difficile.

« Après avoir prononcé ces mots, il me fit comprendre par son attitude qu'il avait à me demander si j'avais quelque chose à lui remettre ou à lui dire.

« Ce que voyant je pris la parole :

« Après l'avoir remercié de l'accueil que je venais de recevoir je lui dis que l'État sublime serait sensible aux assurances d'amitié qu'il venait de me donner publiquement.

« — Oui, repris-je, je suis chargé de vous remettre un message confidentiel. Dois-je le faire tout de suite ou bien plus tard ?

« — Remettez-le-moi tout de suite, fit-il.

« Alors je tirai d'une poche le texte turc et je le lui remis après l'avoir porté à mes lèvres. Le prenant des deux mains, il me demanda si j'en avais une traduction. Je tirai alors d'une autre poche la traduction française qu'il lut séance tenante d'un bout à l'autre.

« — J'avais bien deviné, me dit-il, que vous étiez chargé d'une mission secrète. Écrivez au Sultan pour lui dire qu'après Austerlitz il n'a plus rien à craindre des Russes et que je ne perdrai en aucune circonstance ses intérêts de vue. Qu'il ne songe qu'à résoudre les problèmes intérieurs, moi, je me charge du reste. Je vous annonce qu'un délégué du Tzar sera ici dans six jours pour négocier la paix. Soyez persuadé que je ne vous oublierai point dans les pourparlers qui vont s'engager.

« Sur ce propos, je lui fis observer que l'entente devait rester secrète, ainsi que les mesures que nos deux pays croiraient devoir prendre en commun.

« — C'est entendu, me répondit-il, tout cela restera secret. D'ailleurs, l'ambassadeur que je viens de nommer à Constantinople a reçu l'ordre d'agir secrètement.

« Je lui dis alors que j'étais autorisé à lui donner l'assurance que l'alliance qui lie encore la S. Porte à l'Angleterre, à l'Autriche, à la Russie et à la Prusse à la suite de l'affaire en question serait dissoute bientôt, mais avec tous les ménagements nécessaires afin de ne rien brusquer. Que le seul point qui nous inquiète, c'est que la France n'a plus de flotte dans la Méditerranée, mais que ce détail n'était pas fait pour nous arrêter.

« — En effet, m'a répondu Bonaparte : nous n'avons plus de flotte.

« — Néanmoins tout ira bien, lui dis-je ; car la

maison d'Osman n'a cessé depuis ses origines d'être l'objet de la protection du Dieu tout-puissant.

« Permettez-moi de vous dire combien la mission que je remplis auprès de vous me comble de joie et de fierté.

« — Je partage vos sentiments, m'a-t-il répondu, et je suis heureux que le choix de votre padischah se soit porté sur vous.

« Puis, rompant l'entretien, il donna ordre qu'on mît à ma disposition le carrosse de Talleyrand. En compagnie de ce dernier, j'ai été au bois et c'est au retour d'une longue promenade que je porte ces faits à la connaissance de Votre Majesté (1). »

Le lendemain, Mouhib effendi voyait le ministre des relations extérieures qui lui renouvelait la promesse faite par l'Empereur qu'il serait tenu compte dans le traité de paix qui allait être négocié avec le délégué russe des intérêts turcs. Et pour lui prouver combien étaient sincères les intentions de l'Empereur à cet égard il ajouta que celui-ci avait introduit dans le traité qui vient d'être signé des clauses de garantie favorables au Sultan (2).

Cependant l'ambassadeur turc n'est pas entièrement rassuré. Il redoute les desseins de l'Angleterre. Celle-ci aurait dit à la Russie : « Arrangez-vous avec les Français comme vous l'entendrez. Pour ce qui

(1) Lettre de Mouhib effendi au Sultan Selim III, du 20 Rebi-ul-Ewel 1221.

(2) Traité de Presbourg.

me concerne je suis décidée à mettre le blocus devant les ports français et les ports ottomans de la Méditerranée. » Il demande alors à Talleyrand ce qu'il pense de tout cela. Celui-ci répond que le littoral ottoman est si considérable qu'on peut considérer la menace anglaise comme chimérique. Le Turc objecte cependant que Constantinople tirait ses approvisionnements de la Méditerranée et que sa situation deviendrait critique si la flotte anglaise embouquait les détroits. Aussi souhaite-t-il que la France se mette en mesure de reconstituer au plus vite sa flotte.

« Talleyrand a réfléchi un instant, puis, sur un ton indifférent, il me dit : « Je suis content de ce que vous me dites ; mais tranquillisez-vous, on y pourvoira (1). »

Dans la soirée l'ambassadeur de la Porte se rend chez le ministre de Prusse, Lucchesini, « un ami », pour lui demander ce qu'il savait des conditions de paix projetées avec la Russie. « Il n'y a encore rien de certain, lui répond-il ; car la cour de Russie est divisée en deux factions, qui sont l'une favorable à la France, l'autre contre elle et qui se disputent l'esprit du Tzar ; mais soyez certain, ajouta-t-il, que si l'entente vient à s'établir, vous trouverez en nous de zélés défenseurs. D'ailleurs vos intérêts ont été justement sauvegardés dans le traité que nous venons de signer avec la France. Vous n'igno-

(1) Lettre du 21 Rebi-ul-Ewel 1221.

rez point que notre roi est animé à votre égard des meilleures dispositions, et que la position géographique de nos deux pays leur impose la nécessité de rester unis. On ne peut nier que la Turquie et la Prusse n'aient des intérêts communs. L'argent ne nous fait point défaut.

« — Je suis heureux d'entendre ces paroles, répondis-je au ministre. J'en ferai part non seulement au Divan, mais je les transmettrai fidèlement à mon maître. »

Mouhib effendi lui demanda alors ce qu'il savait des intentions de la Russie. Lucchesini répond : « Notre ambassadeur à Saint-Pétersbourg a déclaré au Tzar qu'il verrait avec déplaisir toute tentative de nature à porter atteinte aux droits de la Turquie. — Mais je ne suis pas fou, a répliqué Alexandre : mon devoir est de respecter les clauses du traité de paix que j'ai signé avec elle. Aucun lien solide ne peut me rattacher à la France, et la paix qui met un terme à notre différend n'a à mes yeux qu'un caractère provisoire. »

Cependant ces assurances n'inspirent à l'ambassadeur qu'une médiocre confiance, d'autant plus que Talleyrand s'emploie à raviver ses soupçons sur les intentions de l'Autriche et de la Russie. D'ailleurs n'a-t-il pas recueilli lui-même, à son passage à Vienne, des preuves certaines que l'Autriche avait fourni au « traître Karageorges » des vivres et des munitions. Le général Sebastiani, à qui il en a touché deux mots, lui a promis qu'il ne manquerait pas de faire des représentations au gouvernement autrichien mais qu'il n'avait mandat de s'occuper officiellement de la question qu'à son arrivée à Constantinople où il compte adresser une note à l'ambassadeur d'Autriche [1].

Sur ces entrefaites éclatait l'affaire de Raguse. Le lendemain du jour où ces entrevues avaient lieu, Mouhib découvrait dans les gazettes que Napoléon venait de donner à ses généraux l'ordre d'envahir le territoire de *Dobrevnik* [2] Il en croit à peine ses yeux, mais la nouvelle lui apparaît si invraisemblable qu'il néglige d'aller aux informations. « Cependant, écrit-il, le jour suivant, je lisais dans le *Moniteur*, la gazette principale, un exposé des motifs de cette occupation. A cette nouvelle je me crus frappé de paralysie. » Il lui revient d'autre part que Sebastiani venait d'ajourner son départ pour Constantinople et cette autre nouvelle n'est pas faite pour dissiper ses angoisses.

Impatient d'entrer en conversation il se précipite chez lui pour en obtenir des éclaircissements. « Dissimulant, écrit-il, le but de ma visite, je mets d'abord l'entretien sur les affaires de Valachie, puis comme je me levais pour me retirer, je lui dis que j'avais lu dans les gazettes que Torcy venait d'être nommé gouverneur de Dobrevnik.

« — C'est exact, m'a-t-il répondu, mais l'occupation

---

(1) Lettre du 21 Rebi-ul-Ewel 1221.

(2) Raguse.

en question n'a d'autre but que de surveiller les Russes qui sont à Corfou où ils disposent de nombreuses troupes, ce qui pourrait les disposer à préparer un coup de main sur les côtes illiriennes. Une autre raison qui nous a déterminé à occuper cette place, c'est qu'elle possède un port où le mouillage est excellent et propre au ravitaillement de notre armée, ce qui n'est pas le cas du port de Cattaro. D'ailleurs, la proclamation du général chargé de cette opération a rassuré la population sur les intentions de notre gouvernement. Laissez-moi vous donner l'assurance formelle que les Français restitueront Dobrevnik à l'État sublime dès que les Russes auront évacué l'île de Corfou. Puis, s'interrompant un moment, il ajouta :

« Vous vous doutez bien, n'est-ce pas, que vous avez dans la Russie une alliée plus que suspecte et que sa politique ne tend à rien moins qu'à faire de la Serbie un État indépendant. C'est pour arriver à ses fins qu'elle a occupé Corfou ; si on la laissait faire, elle serait bientôt tentée, grâce aux forces qu'elle y a réunies, de soulever les populations du littoral (1). »

Cette explication rassure l'ambassadeur d'autant moins que l'incident se produit au moment même où la France demande un traité plus *avantageux* que celui dont le texte a été présenté par Galib bey. « Dieu sait, écrit-il, ce qui sortira des conversations qui

(1) Lettre du 24 Rebi-ul-Ewel.

vont s'engager. Je passe mes nuits sans sommeil, et ne cesse d'appeler à mon aide les lumières d'en haut. Il y a loin de ce qu'on espère à Stamboul avec ce qu'il est permis d'espérer ici. Les Français vivent depuis 14 ans sous le régime de la liberté et cela les a changés à notre égard. Aussi j'aurais grand besoin d'être renseigné sur toutes les circonstances de leur orientation politique. Que signifie cette affaire de Raguse et où les Français veulent-ils en venir ? Je prie Dieu qu'il vienne en aide aux musulmans et à notre bienfaiteur. Amen. Pardonnez-moi les fautes que j'ai pu commettre (1). »

Il va voir Talleyrand pour lui annoncer que la Russie et l'Autriche viennent de faire une démarche auprès du Divan en faveur de la Serbie. Elles auraient l'intention d'y nommer un Voévoda, ce qui le conduit à penser que ces deux puissances auraient l'intention de faire de ce pays un État indépendant comme la Moldo-Valachie. Il proteste contre ce point de vue :

« Nous pourrions à la rigueur admettre ce régime pour ces provinces, car elles nous ont été arrachées par les armes, mais nous ne saurions le tolérer en Serbie. La forteresse de Belgrade a passé alternativement aux mains des Turcs et des Autrichiens dont les Serbes ont été tour à tour les rayas. Est-il raisonnable qu'une province si grande et si peuplée soit érigée en principauté indépendante avec un

(1) Littéralement : *pardonnez mes défauts.*

Voévoda à sa tête ? Voilà ce que je ne peux concevoir et ce que l'État sublime ne saurait admettre. Le Divan — comprenez-vous — a cru prudent de faire semblant de ne pas rejeter leur requête afin de ne pas les indisposer, mais croyez bien qu'il n'en fera qu'à sa tête. »

Talleyrand encourage ces dispositions et lui fait remarquer que « la Russie ne vise qu'à faire de la Serbie une autre Valachie où elle nommerait Ipsilantis qui est un homme à sa dévotion ».

A cela Mouhib effendi répond que cette politique n'est qu'une conséquence de celle adoptée par la France ; mais, détournant la conversation, il me dit : « Consentiriez-vous à nous faire les mêmes concessions politiques et commerciales que la S. Porte a faites à la Russie? » Je lui ai répondu que je n'avais pas gardé dans la mémoire les clauses du traité conclu par l'entremise de Galib effendi ; mais qu'il pouvait en prendre connaissance dans ses archives. « Mais ce traité c'est moi qui l'ai fait, a répondu Talleyrand. Seulement, je voudrais savoir si votre gouvernement serait disposé à nous favoriser du même traitement. » Après lui avoir donné l'assurance qu'il demandait, je lui ai fait observer qu'il n'était pas sans connaître les raisons qui nous ont contraints à faire des concessions à la Russie. « Et pensez-vous, lui ai-je dit, que nous les lui ayons faites de notre plein gré. » Sur quoi Talleyrand a dit : « Je chercherai ce traité et s'il contient des points qui méritent de retenir mon attention, nous en causerons. »

Cependant, pour l'instant, la question serbe, encore que lancinante, le préoccupe moins que l'affaire de Raguse. Mais il n'en témoigne rien à Talleyrand et ce n'est qu'en usant de détours qu'il cherche à pénétrer sa pensée. Encore une fois il frappe à la porte du général Sebastiani, curieux de savoir la raison de l'ajournement de son départ pour Constantinople. La question serbe lui sert d'entrée en matière. Il lui explique qu'il tient de source certaine que le rebelle Karageorgevitch a reçu des secours en munitions et en argent de l'Autriche et qu'il s'en était plaint au président du Cabinet autrichien. Celui-ci lui aurait avoué qu'en effet des approvisionnements avaient été fournis aux rebelles, mais qu'il avait donné des ordres pour que cela ne se renouvelât plus. « Pensez-vous, lui ai-je dit alors, que l'amitié de la S. Porte à l'égard de l'Autriche soit de qualité inférieure à celle du traître Karageorges ? Au cours de la guerre où nous étions engagés, la S. Porte ayant pu mettre la main sur le traître Kotcho, celui-ci a dit à nos autorités que si elles les mettaient en liberté il enrichirait notre trésor de je ne sais combien de milliers de bourses, et qu'il ferait restituer à l'État Sublime la forteresse de Budine ; mais on lui a répondu que pour traiter avec ses ennemis la S. Porte n'avait pas besoin d'un traître de son espèce, et on l'empala sur l'heure ; les gens de sa bande maudite subirent le même sort à Hirchovo et à Téké-Bournou. Voilà ce que j'ai dit au ministre autrichien qui a convenu de ces détails ».

Puis il explique au général que les hommes et les femmes serbes sont loin de voir de bon œil les entreprises de Karageorges, car ils savent qu'ils *brûleront tous dans le même feu*. Aussi, assure-t-il que la révolte de ce traître ne peut avoir aucune chance de succès. Sebastiani lui renouvelle la promesse qu'à son arrivée à Constantinople il ne manquera pas d'envoyer une note de protestation à l'internonce impérial. Mouhib effendi se confond en remerciements et répond que son « Seigneur et maître sera sensible à cette marque d'amitié ».

Puis, tout à coup il lui dit : « J'apprends que Torcy vient d'être nommé gouverneur de Raguse...

— La mesure est indispensable, explique le général et cette occupation sera maintenue aussi longtemps que les Russes tiendront Corfou. Le jour où ils évacueront cette place, les Français s'empresseront de restituer Raguse à l'État Sublime. Sachez que vous avez dans la Russie une alliée déloyale et qu'elle travaille à créer une Serbie indépendante. Son plan était de s'emparer de Raguse comme elle s'est emparée de Corfou, car elle vise la Morée qui est trop proche de ces positions pour qu'elle ne soit pas tentée d'y mettre pied. »

« — Mais, riposte Mouhib effendi, la question serbe est négligeable. Quant à celle qui vise Corfou ne va-t-elle pas être réglée en même temps que toutes celles que vous allez liquider avec les Russes ? Je vous ferai observer que les Ragusains nous payent depuis plusieurs années l'impôt des rayas et que leur territoire séparait notre Turquie des possessions vénitiennes. Raguse jouissait de la S. Porte qui avait accordé à cette ville un firman autorisant les habitants à tirer leurs approvisionnements de la Bosnie. Outre que Dieu est là pour nous garder des embûches de la Russie, le vali de Bosnie n'est-il pas assez puissant pour parer à toute éventualité ?

« Mais Sebastiani s'est contenté de réitérer les mêmes assurances et n'a point voulu en dire davantage (1). »

Sur ces entrefaites Mouhib effendi reçoit deux notes, l'une se rapportant à la question locale, l'autre à celle des Lieux-Saints. La révolution avait paru faire abandon des droits de protection que la France exerçait tout spécialement en Orient depuis le XVIe siècle et qui était comme un héritage de la tradition des Croisades. A l'affût de tout ce qui pouvait accroître son influence, l'Autriche avait mis à profit cette circonstance, ainsi que les difficultés que la France avait avec le Divan pour se substituer à celle-ci, en tant que puissance catholique, dans l'exercice de ces droits et des prérogatives qui s'y rattachent. Cette tentative d'empiétement trouva dans Napoléon un adversaire résolu. Les Turcs entrèrent sans hésitation dans ses vues, heureux de trouver là une occasion de lui être agréables à peu de frais. Au cours d'une conférence qu'il eut à ce sujet avec Talleyrand, Mouhib effendi lui dit :

« Vous m'avez envoyé un *takrir* concernant les

(1) Lettre du 26 Rebi-ul-Ewel.

prêtres de Jérusalem. Voici ce que j'ai à vous dire à ce sujet. Les églises de la Syrie et de Galata ont passé sous la protection de l'Autriche depuis votre expédition en Égypte. Or, comme l'Autriche insistait pour garder les privilèges qui lui furent alors reconnus, mon Seigneur lui a fait savoir par son ambassadeur à Constantinople qu'il était vrai que les Français étaient déchus de leurs droits pour avoir violé les traités : mais que ce droit de protection il n'entendait plus le céder à personne. « C'est moi, a-t-il dit, qui assumerai à l'avenir la tâche de protéger les intérêts catholiques. Cette volonté mon padischah l'a formulée dans le firman qu'il a adressé au Véovoda de Galata, au Toptchi bachi et au Tersané émini, par lequel il défend à qui que ce soit de s'immiscer dorénavant dans les affaires des Églises catholiques. » Néanmoins l'ambassadeur d'Autriche, revenant à la charge, a cru devoir envoyer au Réis-effendi une note pour maintenir ses prétentions ; mais celui-ci a répondu au Drogman : « Notre Chevketlou padischah a rendu à ce sujet un Iradé définitif qui a tranché définitivement la question et si l'ambassadeur bey, s'obstinant dans son idée, s'avisait d'envoyer dans les églises et les couvents des hommes à lui pour y faire acte d'autorité, nos fonctionnaires ont reçu l'ordre de les frapper à la tête sans ménagement et de les jeter en prison. »

« Les autres représentants chrétiens de Péra ont unanimement approuvé cette décision, si bien qu'ils ont envoyé leurs drogmans pour le complimenter.

Tout cela est la vérité même. Aussi personne n'oserait se prévaloir d'une autorisation du padischah pour intervenir dans les affaires des prêtres et des églises qui se trouvaient sous la protection française.

« Maintenant, en ce qui concerne le règlement de cette affaire, il convient, je crois, de s'en rapporter aux traités qui régissent la matière et l'on procédera en conséquence. Que Sebastiani adresse une note à ce sujet, puis l'on verra s'il y a lieu de faire intervenir, pour remettre les choses en leur ancien état, un firman impérial, ou bien une simple lettre vizirielle. Je ne manquerai pas de transmettre votre note.

Là-dessus Talleyrand m'a dit : Vous n'ignorez point les liens de vieille amitié qui unissaient nos rois à vos sultans. Sans doute la France eût mieux fait de s'abstenir de porter ses armes en Égypte, mais qu'y faire ? Le mieux est de n'y plus penser et de travailler ensemble à renouer ces mêmes liens qu'un malentendu a brisés. Notre Empereur a envoyé ses instructions à Sebastiani au sujet des églises, mais il a demandé aussi que l'on vous adressât une note à ce sujet avec prière de la transmettre au Divan.

« Cette volonté sera exécutée, lui ai-je répondu, mais je vous ferai remarquer que l'entreprise sur l'Égypte a été décidée au moment où vous étiez ministre des Affaires étrangères. Or, l'issue qu'elle a eue, au lieu de porter dommage à l'Angleterre, a causé le plus grand préjudice à la France contre qui s'est formée une coalition... »

« Dans les lettres qui me parviennent de Stamboul, continuai-je, il est question des bérats [1] et des agissements des drogmans et du personnel domestique des ambassadeurs. Ces bérats qu'on délivre aux drogmans comportent des conditions qui sont négligées. J'en ferai une traduction exacte et j'en enverrai une copie à tous les représentants des puis sances, Prusse, Espagne, Danemark, Autriche. Vous verrez à la lecture que les réclamations de mon gouvernement sont conformes à l'esprit du traité. On verra aussi par la note que j'y annexerai à quelles intrigues donnent lieu ces bérats. Certes, nous n'avons aucune plainte à formuler contre les négociants étrangers. Ils payent exactement 3 % sur tous les articles importés ou exportés. Tel n'est pas le cas, par exemple, de cet Arménien d'Andrinople, un nommé Artin, qui se fait appeler Ovitz, un fils de chien. Il s'est arrangé de façon à décrocher un firman qui lui permet de se livrer à des opérations de toutes sortes sans qu'il ait à acquitter aucune taxe. Je vous le demande, quel gouvernement tolérerait une pareille iniquité ? Cependant les produits qu'il vend proviennent de Tékir-Dagh, de Philippoli ou de Sophia. Moyennant 500 piastres qu'il a versées audit drogman il s'arroge le droit de se dire Autri-

(1) Les bérats étaient des diplômes que les ambassadeurs délivraient aux rayas employés à leur service et qui leur conféraient les privilèges capitulaires des Francs ; mais comme tout privilège dégénère en abus, leurs subordonnés en distribuaient à tout venant contre du bon argent.

chien et de frustrer le fisc. Avec cela, il fait siens tous les biens de ses coreligionnaires qui s'entendent avec lui pour s'exempter par cet artifice des contributions dues par les *rayas*. Je pourrais vous citer mille autres cas semblables. Vous verrez par la traduction à quelles abominables intrigues se livrent les drogmans et les serviteurs des ambassades.

Talleyrand m'interrompit pour dire qu'aucun gouvernement ne tolérerait un pareil état de choses. Je poursuivis en lui disant que je connaissais à fond la question visée par sa note concernant la Serbie et que je l'enverrais à Stamboul avec l'autre. Mais j'ai vu dans le *Moniteur* que la Russie était disposée à envoyer un délégué à Bucharest pour engager avec mon gouvernement une conversation sur les affaires serbes et j'ai demandé à Talleyrand comment il se fait que l'on puisse croire en France que la S. Porte consente que des étrangers se mêlent de régler avec elle le sort de ses sujets. J'espère, lui ai-je dit, que bientôt, par la volonté de Dieu, le traître Karageorges et ses maudits partisans recevront le châtiment qu'ils méritent.

« Après que Talleyrand m'eut approuvé, je repris : J'ai pu lire aussi dans la Gazette que les troupes qui se portaient en Serbie ont reçu l'ordre du Divan de rebrousser chemin. Ainsi présenté, le fait est inexact. Ce n'est pas sur un ordre du Divan, mais spontanément que ses troupes ont refusé de marcher et cela parce qu'elles appréhendent les suites de votre occupation de Raguse et qu'elles croient ne pas devoir trop s'éloigner pour se mettre en mesure de protéger les femmes et les enfants. Telle est la vérité, lui ai-je dit ([1]). »

On ne peut donner plus clairement à entendre que la présence des Français en Dalmatie et surtout à Raguse est une cause de troubles pour l'Empire et que le gouvernement français ferait bien de changer ses méthodes de protection. Le fait est que l'apparition des troupes de Marmont sur les côtes de l'Adriatique avait soulevé de véhémentes protestations de la part des pachas et des janissaires. La méfiance que les Turcs nourrissaient contre les Français depuis l'expédition d'Égypte était partagée par Ali pacha de Tepelen qui, sans doute, sur les suggestions du Divan, s'était empressé de s'entendre avec les Anglais. On voit par la brutale déclaration de Mouhib effendi que les Turcs s'attendaient à une invasion française.

Sebastiani arrivait à Constantinople le 9 août 1806. Une mission qu'il y avait rempli au moment de la reprise des relations avait déterminé le choix de Napoléon. Lui ayant donné ses instructions en personne, il le chargeait de donner à Selim les gages d'une solidarité parfaite. Il lui promettait de faire rendre à la Turquie les provinces moldo-valaques, de ne soutenir aucune rebellion, de lui prêter son

([1]) Lettre du Rebi-ul-ahir, 3e jour.

concours pour résoudre les difficultés extérieures. A Constantinople, le général Sebastiani n'eut d'abord que des succès à enregistrer. Le Réis-ul-Kuttab parut d'autant mieux disposé à lui faciliter sa tâche que la victoire d'Iéna et la marche des Russes sur Bucharest avaient fortement amolli le Divan.

Les hospodars russophiles étaient destitués à sa demande ; mais, sur une injonction des ministres Harbinsky et Arbuthnot, Sélim s'empressait de les rétablir dans leurs charges, en même temps qu'il se tournait du côté de Sebastiani pour lui demander conseil. Protestations de ce dernier qui, à force de remontrances, finit par obtenir la rupture des relations de la Russie et de la Porte (décembre 1806). La présence de l'Empereur en Pologne ayant obligé les Russes à dégarnir le Danube où ils s'étaient avancés, le Sultan profitait de cette circonstance pour lancer un manifeste de guerre contre la Russie (5 janvier 1807). Mais au moment où l'on s'y attendait le moins, voilà qu'un secrétaire de la Légation britannique se présentait au Divan pour annoncer aux Vizirs qu'une escadre allait forcer les Dardanelles s'ils ne rompaient sans délai avec l'ambassadeur français. Sélim, toujours prompt à la panique, inclinait à la soumission et offrait de sacrifier les hospodars récemment nommés. Nouvelle et énergique intervention de Sebastiani qui finit par faire rejeter les sommations britanniques.

Cependant la menace allait se préciser. Quatorze vaisseaux commandés par l'amiral Duckworth entraient à toutes voiles dans les Dardanelles en lâchant leurs bordées sur les vieux châteaux qui en défendaient l'entrée. Puis, l'amiral incendiait au passage une flotte turque paisiblement ancrée à Gallipoli avant de gagner le mouillage des îles des Princes. On ne peut s'empêcher de faire remarquer à ce propos qu'il a été dans la destinée de toutes les flottes turques de se laisser couler dans les ports où elles s'abritaient. Successivement elles se sont laissé brûler à Tchechmé en 1770, mitrailler à Gallipoli en 1806, à Ténedos, peu après cet événement ; à Navarin en 1827, à Sinope en 1853.

La maladresse de Duckworth fut de vouloir négocier avec les Turcs, alors qu'il lui eût suffi, en profitant de la surprise, d'envoyer quelques boulets rouges sur la ville pour l'avoir à sa merci. Sur le terrain des négociations il risquait fort d'être battu. Les Turcs les traînèrent si habilement en longueur, qu'ils eurent le temps de mettre les côtes en état de défense. Cette tactique fut providentiellement favorisée par le vent du Nord qui, se mettant de la partie, empêcha sa flotte britannique d'approcher près du rivage pour bombarder le Sérail. A cet endroit les courants qui descendent du Bosphore acquièrent une si grande rapidité, même dans les temps calmes, que l'on entend de la côte d'Asie le clapotement qu'ils produisent en se brisant sur la pointe de *Serai bournou.* On armait pendant ce temps les Dardanelles pour couper la retraite à sa flotte. Sans tirer un coup de canon, Duckworth dut virer de bord pour en reprendre piteusement le chemin ; mais la traversée, cette fois-ci, ne s'effectuait pas sans dommage, car la flotte perdait deux cents hommes, tant blessés que tués. Un autre échec attendait les Anglais en Égypte où ils avaient essayé de pénétrer par surprise.

Cette double victoire releva quelque temps le prestige de Sebastiani qui avait été l'âme de cette défense.

Comblé de présents et d'honneurs, il eût voulu profiter de ce regain de faveur pour engager le sultan à jeter son armée du Danube sur les 25.000 hommes de Michelson ; mais, encore une fois il se heurtait à l'énigmatique inertie du Divan. Napoléon pensa alors qu'il parviendrait à obtenir la diversion tant souhaitée en envoyant le corps de Marmont sur le Danube où s'immobilisait l'armée turque et il s'en ouvrit au Sultan. Celui-ci ne fit aucune difficulté pour accepter une proposition aussi avantageuse, mais l'opinion populaire s'y montra si hostile qu'on dut y renoncer. De guerre lasse, Talleyrand écrivait à l'ambassadeur qu'il renonçait de son côté à la coopération turque et qu'on se contenterait, à défaut, d'envoyer à l'armée du Danube une troupe de 600 canonniers ; mais cette autre proposition n'était pas mieux accueillie que la précédente. Cette petite troupe, dont on exagérait l'importance, n'était dans l'opinion générale que l'avant-garde des armées françaises. Il faut reconnaître aussi que l'obstination de Napoléon à vouloir obliger les Turcs malgré eux était de nature à exaspérer leurs méfiances. Toutes ces indiscrètes propositions ne pouvaient qu'aggraver la situation du Sultan en donnant à croire que Sebastiani n'était venu à Constantinople que pour seconder ses projets de réformes militaires. Le soupçon qu'on avait de ses intentions n'était d'ailleurs pas sans fondement. Le Sultan comptait sur son appui pour réaliser un projet depuis longtemps caressé et qui visait à remplacer la vieille milice des janissaires — cette fidèle conservatrice des traditions — par des troupes manœuvrant à l'européenne. A cette troupe, il aurait inspiré un esprit plus conforme aux exigences de la situation et aux sentiments de loyalisme envers le trône. Il lui aurait donné un costume nouveau et des armes nouvelles, un nom, le *Nizam-i-Djedid.* Il l'aurait opposée en attendant aux janissaires dont il espérait ainsi contrebalancer l'influence et dompter l'esprit d'insubordination.

Les Janissaires n'entendaient renoncer ni à leurs privilèges, ni détruire, au profit de l'autocratie impériale, ceux dont jouissaient les autres classes de la nation et qui étaient fondés sur le système de décentralisation propre aux mœurs asiatiques. Ainsi ils ne voulaient point d'une réforme qui eût permis à la dynastie de fortifier son pouvoir en affaiblissant celui des pachas gouverneurs et réduisant à l'obéissance les satrapies de Roumélie, d'Arabie, de Mésopotamie et de Syrie.

Un premier essai avait été tenté en 1803, mais par mesure de prudence on avait relégué dans un coin de l'Asie-Mineure le premier corps exercé pour le cacher aux yeux de la population ; Selim, pensant qu'il serait mieux à sa place sur les bords du Danube, donna ses ordres pour que ses soldats y fussent dirigés. A cette nouvelle, les Janissaires se massèrent en grand nombre à Andrinople pour les y attendre au passage. Tombant sur eux à l'improviste, ils les exterminèrent jusqu'au dernier.

Le drame d'Andrinople faisait présager une plus grande catastrophe malgré le calme apparent de la population. Les Turcs ont leur passion comme tout le monde, mais en matière de religion leur opinion est collective, et pour agir ils n'attendent qu'un mot d'ordre. Les mouvements de la rue, en ce cas, sont d'une espèce particulière. Violents et rapides, ils ont tout le caractère d'une explosion. L'acte de vengeance ou de répression une fois accompli, tout rentre dans le calme, sans qu'aucune force de police ait à intervenir. Les têtes tombent, des quartiers flambent, mais la sédition s'évanouit en même temps que s'éteignent les dernières lueurs de l'incendie. Chacun retourne à ses affaires ou à ses plaisirs. En Turquie, la crainte pousse les gens au respect, mais la crainte cesse dès que les intérêts de la religion, ou ce que l'on croit être tels, sont en jeu. Il y a dans l'Islam une unité de foi qui met tous les particuliers sur un même pied d'égalité et une unité de conscience qui leur dicte les mêmes devoirs. Nul n'échappe aux sanctions qu'elle prescrit. Les particuliers n'obéissent au Souverain que dans la mesure où celui-ci respecte la loi et leur premier devoir est d'empêcher que personne y porte atteinte.

Le mauvais vouloir du Divan se manifestait clairement à Fikenstein lorsque Vahid effendi, son délégué, se refusa obstinément à accepter l'alliance que lui offrait Napoléon. Quelques jours après, celui-ci triomphait sans les Turcs du Danube qui avaient mieux à faire. A ce moment ils préparaient l'émeute que leurs partisans allaient déchaîner dans la capitale. Une milice auxiliaire, les *Yamaks*, qu'on avait embauchée à l'occasion de la démonstration de l'amiral Duckworth, se mutinait à Buyuk-Déré, massacrait ses chefs et marchait sur la ville en suivant les rives du Bosphore. Les *Yamaks* ne se livrèrent, paraît-il, à aucun excès sur la population tremblante, contrairement à l'usage en ces circonstances. *Pas un chrétien ne saigna du nez*, écrit un Grec contemporain. Ils n'en voulaient qu'au Sultan et aux partisans de la réforme. Le Caïmacam, qui menait le mouvement, avait invité ce jour-là à un dîner de réjouissance les ministres qui passaient pour partager les idées de Sélim. Au café, il les faisait égorger.

Ne trouvant aucune résistance, les *Yamaks* s'attroupèrent sous les murs du Sérail, suivis d'un flot de population accouru de tous les points de la ville. Il y avait là toute la racaille que l'on voyait dans ces tragiques occasions : imams et softas, janissaires et derviches, bateliers, portefaix, veilleurs de nuit, toute la farouche plèbe constantinopolitaine, hérissée de poignards et de pistolets passés aux ceintures, suivant la coutume de ce temps-là. Leur première victime fut le bostandji bachi, préposé à la garde du palais, dont Sélim leur fit jeter la tête, pensant que ce sacrifice calmerait les colères.

A la demande du chef de l'émeute, un certain Kabaktchi-oglou, le Mufti, — grand interprète des textes sacrés — rendait un *fetva* qui prononçait la déchéance du Sultan. Son frère était proclamé au milieu des acclamations sous le nom de Moustafa IV. Une preuve que la masse confondait la cause du *Nizam-i-Djedid* avec celle de la France, c'est que l'ambassade à Péra fut assaillie par une foule fanatisée et l'on raconte qu'elle fut même un moment exposée. Il est probable que cet incident fut voulu par les chefs de l'émeute comme un avertissement à l'adresse de Sebastiani, qu'on accusait de connivence avec le Sultan. Cependant il n'est pas moins probable que, sans la crainte qu'inspirait le nom de Napoléon, on l'eût enfermé aux Sept-Tours, sous prétexte de le soustraire aux fureurs de la populace. Une autre preuve non moins décisive du caractère gallophobe de la révolution se révéla à l'affectation du Divan à ne point notifier à Paris l'avènement au trône de Moustafa. Mais en Turquie la politique d'accommodement succède invariablement aux crises les plus violentes et aux démonstrations les plus inamicales, soit qu'elles échouent, soit qu'elles aient produit les résultats voulus.

Maintenant que le danger de *Nizam-i-Djedid* était écarté, le Divan crut devoir se rapprocher de la France. Comme Sebastiani affectait de se tenir dans une froide réserve, l'on mit en usage toutes les ressources de la flatterie orientale, au point qu'on alla jusqu'à lui exprimer dans une lettre le regret immense d'avoir déposé Sélim. Gagné par ces bonnes paroles, le général se laissa inviter à une conférence où siégeaient le Cheikh-ul-Islam et le Réis-ul-Kuttab (8 juin 1807). La guerre y fut décidée contre la Russie. Encore une fois, il était la victime d'une comédie, car, à ce même instant, le Divan engageait des pourparlers secrets avec l'Angleterre et la Russie. Ils auraient abouti si le grand drogman Soutzo n'avait averti Sebastiani de l'intrigue qui se tramait. Le Caïmacam, qui l'avait favorisée, furieux de la voir échouer, s'en prit au drogman qu'il fit décapiter pour crime de trahison. Cependant cet arrêt déplut à Cabaktchi Agha qui fit destituer le Caïmacam à qui il donna pour successeur Ismail pacha, un ancien vizir. Le Caïmacam, homme de résolution, empoisonna son concurrent. Kabaktchi menaça alors d'envahir encore une fois Constantinople si le Sultan ne destituait pas le Caïmacam. Celui-ci se réfugia auprès de Moustapha Kaïraktar, pacha de Routchouk, ardent partisan de Selim et qui disposait de milices nombreuses. Baraïktar, ancien maquignon et janissaire, parvenu aux honneurs, avait conservé pour Selim, son bienfaiteur, la plus tendre gratitude. Là, ces deux hommes concertèrent leur vengeance. Leur premier soin fut d'envoyer à Constantinople un émissaire, avec force présents, à l'adresse des ministres. Une fois qu'il se fut assuré leur complicité, il se dirigea vers Andrinople avec un corps de 4.000 hommes. Remettre Selim sur le trône et le venger de ses ennemis lui parut la plus belle des entreprises.

Mais de tous les obstacles qu'elle devait rencontrer, il pens aavec raison que le plus sérieux était Cabaktchi qui avait la confiance des ulemas, des janissaires et de la population. Il fallait s'en débarrasser à tout prix. Une trentaine de cavaliers qu'il choisit parmi les meilleurs pénétrèrent de nuit dans le village de Fanacaki, sur la mer Noire, où il avait établi son quartier au milieu de ses Yamaks. Ils cernent sa maison, forcent les portes du harem et le poignardent au milieu de ses femmes. Le coup fait, Baïraktar marche sans perdre de temps sur la capitale à la tête de ses forces et plante ses tentes sur les hauteurs qui dominent la nécropole d'Eyoub aux nombreux cyprès. Il avait pris la précaution d'envoyer au Sultan un message destiné à le rassurer sur ses dispositions. Il n'avait d'autre but, en venant à Constantinople, que de le déliver de la fripouille des Yamaks et de la tyrannie du Mufti. Moustafa se laissa d'autant plus facilement convaincre que le dévouement de tous ces gens commençait à lui être à charge. Confiant dans les bonnes dispositions de Baïraktar, il ne songea plus qu'à ses plaisirs. Comme il était parti un matin pour passer la journée, sous les ombrages des Eaux-douces d'Asie, le pacha de Routchouk, informé de son absence, entra dans la ville avec ses hommes et s'engagea dans les rues étroites qui montent au Sérail. Il pénétra sans obstacle dans la première cour par la *Bab-Humaioûn* qui s'ouvre sur la place où Sainte-Sophie élève sa cyclopéenne architecture ; mais, avertis par les clameurs de la foule, les capidjis eurent le temps de fermer les portes de la cour intérieure, et les milices du palais accourues garnissaient déjà le faîte des murailles. Alors le chef des eunuques blancs se montra aux créneaux et demanda au pacha ce qu'il voulait.

— Je veux saluer sultan Selim, répondit-il. Ouvrez.

Il allait être obéi quand, tout à coup, une porte s'ouvrit du côté de la mer et l'on vit apparaître Moustafa. Prévenu de ce qui se passait, il était revenu en toute hâte. Ses premiers ordres furent un arrêt de mort contre Selim. Six eunuques noirs se précipitaient dans son appartement et lui passaient le lacet au cou. « Le pacha demande à saluer Selim, qu'on lui donne satisfaction », cria Moustafa.

A la vue du cadavre, Baïraktar donna ordre qu'on brisât les portes et la soldatesque se rua dans la cour. L'instant d'après Moustafa était enfermé à son tour dans l'appartement où sa victime avait expiré.

Mahmoud était proclamé sultan (28 juillet 1808).

Mais le drame devait s'allonger d'un autre épisode non moins sensationnel. Le bruit s'étant répandu que Baraïktar méditait de restaurer le Nizam-i-Djedid, il indisposa contre lui la population et les Janissaires. Sous divers prétextes on dispersa ses soldats, on l'isola de ses amis, puis, quand on le vit à peu près sans défense, une nouvelle émeute soulevait la ville entière. En un instant son conak était assailli, criblé de pierres et livré aux flammes. Il se réfugia avec une odalisque dans une tour attenante à la maison. Le lendemain, on y découvrait leurs cadavres. Celui de Baïraktar, traîné jusqu'à l'*atmeïdan*, était exposé sur un pal. Loin de s'apaiser, la rébellion gagnait les quartiers, et l'on n'entendait de toutes parts que des cris de mort contre Mahmoud l'usurpateur. Celui-ci se voyant en grand danger réfléchit que le seul moyen d'y échapper était de faire subir à Moustafa le sort que celui-ci avait infligé à son frère Selim. Encore une fois le fatal lacet remplissait son office. Après cette exécution il ne restait que lui seul prince survivant de la famille. Cette considération arrêta instantanément la sédition. Les fureurs se calmèrent. Ulemas et dignitaires allèrent se jeter à ses pieds, confondant leurs hommages. Le règne de Mahmoud fut un des plus longs et des plus dramatiques de l'histoire ottomane. Il devait réaliser tous les projets que Selim ne put exécuter. Ses réformes et l'audacieuse diplomatie de la pléiade de réformateurs qu'il sut susciter devaient galvaniser la Turquie et la faire vivre jusqu'à l'aurore du xxe siècle.

On sera peut-être curieux de savoir ce que Sebastiani pensait de tout cela. Son opinion il n'ose trop l'exprimer de peur d'indisposer l'empereur dont les desseins lui paraissent aussi impénétrables que cette Turquie énigmatique et inquiétante, où il se sent décidément de plus en plus dépaysé. Il s'était rendu à Constantinople confiant dans l'étoile de son maître qui alors rayonnait d'un éclat dont le monde était ébloui. Il avait cru aux protestations amicales de Selim III, aux promesses de son ambassadeur. D'un caractère loyal et simple, il avait apporté dans l'accomplissement de sa tâche l'intrépide dévouement du soldat docile aux ordres de son chef, et cette ingénue confiance du Français qui s'imagine que le monde entier est taillé à son image. Ses intentions étaient trop pures pour qu'on ne lui sût pas gré des efforts qu'il allait déployer pour se rendre utile. Sans le vouloir il allait ouvrir les écluses du fanatisme qui devaient emporter dans un flot de sang les combinaisons napoléoniennes.

A son premier voyage il avait subi la fascination de ce milieu tout confit de sucreries et de propos aimables, où l'accueil cérémonieux se pimente de l'orgueil le plus farouche (ce qui en relève la saveur) ; où les résistances irréductibles se drapent de manières conciliantes et prometteuses jusqu'au moment attendu où elles peuvent s'étaler hardiment. Sebastiani avait connu, tour à tour, la douceur et l'amertume des fluctuations de ce régime local ; mais de cette brutale chute dans la réalité, il ne se releva jamais plus.

Ce général n'a plus qu'une idée : fuir Constantinople dont le séjour lui est insupportable jusque-là qu'il en tombe malade. Il est prêt à aller n'importe où pourvu qu'on le tire de là. Cela lui est un prétexte pour demander son rappel. En attendant, comme Charles XII à Bender, il passe sa vie dans le lit. Il n'en sortira que le jour de son embarquement, et à peine aura-t-il mis le pied sur le sol français qu'il se trouvera subitement guéri.

Si la déposition de Selim III rassurait les Turcs au sujet de la possibilité d'une conspiration française, en revanche la révolution de Stamboul fournissait à l'Empereur un prétexte excellent pour orienter sa politique, sinon dans une voie nouvelle, du moins dans celle d'un sage opportunisme. Il n'avait été informé des événements que nous venons de résumer en quelques traits que dans les derniers jours du mois de juin. De Tilsitt, Talleyrand écrivait à Sebastiani qu'un armistice venait de mettre fin aux hostilités entre la France et la Russie et il l'autorisait à aviser le Divan que l'on tiendrait compte des intérêts de la Turquie, mais il laissait entendre en même temps que la France n'était tenue à rien envers elle. Tel n'était pas l'avis des ministres turcs qui, par l'organe de Vazfi effendi, protestèrent contre tout traité de paix séparé. Ils prétendaient que, conclu dans ces conditions, il constituait une violation aux engagements pris par la France.

C'était assurément d'une belle audace. Le Divan oubliait les serments qu'il avait faits lui-même plus d'une fois et tous successivement oubliés. Il feignait notamment d'oublier le fait tout récent que Vazfi effendi s'était refusé de signer à Fikenstein le traité d'alliance avec Napoléon. A la vérité, le Divan n'avait rien oublié, mais il pensait qu'en faisant un peu de bruit il amoindrirait ses torts et qu'il arriverait par cet artifice à se faire donner plus qu'il ne lui était dû.

S'avisant de l'inutilité de plus longues récriminations, le Divan envoyait à Mouhib effendi les pouvoirs nécessaires pour discuter les conditions, et le 23 août Sebastiani pouvait annoncer l'adhésion du Divan à toutes les clauses du traité de Tilsitt. Engagés dans cette voie de la réconciliation les Turcs allèrent très loin, suivant leur coutume, dans l'expression de leurs sympathies. Moustafa IV alla jusqu'à déclarer « qu'il s'en remettait aveuglément à la sagesse de l'empereur qui peut faire de son empire ce qu'il voudra ; qu'il est à sa merci. » Il ne faut voir là sans doute qu'une hyperbole orientale, mais aussi le souci d'amadouer celui qu'on avait assez berné pour qu'il pût se croire autorisé à prendre en l'occurrence telle attitude qu'il lui plairait. C'était trop peu que d'avoir écarté son ingérence dans leurs affaires privées ; il fallait obtenir de lui tout ce qu'aurait pu lui donner une politique plus loyale. L'intérêt qu'il y avait à ménager celui qui allait disposer du sort de l'Empire était trop évident pour qu'on n'essayât pas de le gagner au prix de quelques flatteries. Les Turcs s'en tirèrent assez bien, car le traité qui consacrait l'armistice, prévoyait l'évacuation de la principauté par les troupes russes.

Cependant, malgré les clauses de l'armistice de Slobodzié, le Tzar refusait d'évacuer les principautés. Napoléon, instruit par l'expérience, ferma les yeux. Etait-il dans son intention de donner une leçon aux Turcs ? Quoi qu'il en soit, plus que jamais ces derniers se tinrent sur leurs gardes. C'est ainsi qu'ils lui refusèrent le passage à travers leur territoire de quelques milliers d'hommes destinés à Corfou.

DEUXIÈME PARTIE

RELATION DE VOYAGE

Séjour de l'ambassadeur à Paris. — Départ.

Entre deux conférences Mouhib effendi visitait Paris. Un côté caractéristique de sa relation c'est qu'il n'enregistre que les faits qui sont en contraste avec les choses de son pays, de sorte qu'il suffit de prendre le contrepied de ses observations pour se faire une idée très approximative de ce qui s'y passait. L'état politique et social des Turcs étant exactement l'inverse du nôtre, il suffisait de dépeindre l'un pour que s'exprimât nettement la nature de l'autre. Là est le principal mérite de ces quelques pages écrites au jour le jour par cet ambassadeur d'autrefois. Les faits, il les note sans commentaire, estimant sans doute qu'ils sont suffisamment intéressants par eux-mêmes pour qu'il croie pouvoir se dispenser d'en expliquer l'extraordinaire bizarrerie. Il n'aurait pas procédé autrement s'il avait eu à raconter un voyage dans la lune. Aussi bien sa relation n'a que la valeur d'un simple rapport administratif où il n'enregistre que le côté extérieur des choses sans pousser plus avant, et qu'il n'écrit que parce qu'il est prévu dans les instructions que lui a données le Divan. C'est par devoir qu'il visite les manufactures, les ateliers, les institutions. Rien ne l'avait préparé à cet examen, ni sa science de lettré puisée dans la lecture des vieux livres arabes et persans, ni son passé de scribe attaché au *Kalem.* Il confond la botanique avec l'agriculture, l'astronomie avec l'astrologie et l'alchimie avec la chimie ; mais c'était un esprit avisé et volontaire qu'un séjour de cinq ans au milieu des *Nazaréens* avait rendu perméable aux suggestions pratiques.

C'est aussi pour répondre au désir des quelques partisans des réformes militaires en Turquie, dont il était lui-même l'adepte fervent, qu'il fait une description assez complète de l'organisation de l'armée française qui est la partie de son ouvrage la plus documentée, celle qui figure à la tête de ses chapitres comme pour en montrer l'importance exceptionnelle. Cette étude devait porter ses fruits, malgré les obstacles de toute sorte, mais que l'indomptable volonté de Mahmoud II allait briser quelques années plus tard. Que la Turquie en son entier n'en ait jamais voulu d'autre, c'est ce que les faits et les événements n'ont que trop bien démontré. L'armée est le seul emprunt sincère qu'elle ait fait à l'Europe, et c'est vraisemblablement dans le rapport de Mouhib effendi que Selim III a puisé les notions d'une organisation qu'il tenta vainement d'introduire dans son Empire.

Si Mouhib effendi ne peut cacher son admiration qui, malgré tout, perce dans ses pages pour les arts mécaniques de l'Europe et pour les procédés policiers du ministre Fouché, il semble, par contre, montrer moins d'enthousiasme pour les idées et les usages. Comme tous ses coreligionnaires il en a mauvaise opinion et ce qu'il voit autour de lui n'est guère fait pour l'édifier ; mais ces choses il les effleure avec la froide indifférence du dédain. Il sait qu'il a affaire à des êtres d'une espèce particulière, et que le désordre dans lequel ils vivent n'est que le juste châtiment réservé à tous ceux qui s'écartent du chemin de la vraie foi. La promiscuité des sexes est pour le musulman un sujet de scandale sur lequel il discute à perte de vue. Le Turc voit dans la clôture du harem le dernier mot de la sagesse, et dans la réserve de la femme musulmane, qui en est la conséquence, le témoignage le plus éclatant de l'excellence de sa religion. Pour lui, la séparation des sexes est la condition première de l'honneur familial ou plutôt de la dignité du mâle. Le spectacle de la supériorité européenne dans tous les domaines de l'activité n'est pas fait pour l'humilier, viciée qu'elle est, pense-t-il, par ce vice rédhibitoire. Il serait curieux d'expliquer l'idée que l'Asiatique se fait de l'Européenne. Seuls ceux qui ont vécu dans son intimité comprendront ce que je veux dire. L'idée qu'il se fait de la femme en général est plus connue, de même que la répercussion qu'elle a eue sur ses mœurs. Assurément toutes les dépravations se valent, et il ne saurait être question d'en excuser aucune, mais pour être de qualité différente, la dépravation orientale est de toutes la plus abjecte et, pour m'expliquer, je me bornerai à dire que les amours d'Orient ne peuvent être chantées qu'en vers turcs et persans.

Il m'a paru nécessaire de supprimer de la relation une foule de passages et même de chapitres qui pouvaient bien intéresser les Turcs de cette époque, mais qui seraient pour nous d'une lecture fastidieuse, comme les parties consacrées à l'armée, à l'administration, aux finances, à la monnaie, au télégraphe aérien de Chappe, aux écoles, etc., qui n'apprendraient rien. Profitant du privilège que les ambassadeurs ont de se faire ouvrir toutes les portes, Mouhib effendi a tout vu et il s'est fait tout expliquer. Dans son enquête il a déployé un zèle digne d'un meilleur sort, car il est douteux que ses compatriotes en aient jamais lu une seule ligne. Il paraît même certain que le manuscrit, qu'un simple hasard a fait passer par mes mains et qu'il a écrit de la sienne, est demeuré inédit. Ce travail n'aura paru qu'en traduction française. La raison, c'est qu'il présentait l'Europe sous un jour trop beau pour que les hommes du Divan n'en prissent ombrage, pensant que la Turquie n'avait rien à gagner à la comparaison. Cela, l'orgueil ottoman ne pouvait le supporter. Le Turc préfère le mensonge qui le flatte à la vérité qui l'instruit.

On peut dire aussi que la discrète admiration que l'auteur témoigne pour l'ordre et la tranquillité régnant en France reflète à souhait l'anarchie turque, et que celle qu'il exprime pour les arts mécaniques laisse supposer combien son pays était arriéré. Non seulement la Turquie avait ruiné les vieilles industries qui firent jadis la splendeur de l'Orient, mais cet Orient elle l'avait moralement et matériellement dévasté. Depuis longtemps, on n'y créait plus rien, et l'on ne cherchait même pas à imiter les articles de première nécessité que lui procurait l'industrie européenne. Depuis quatre siècles, la France, l'Allemagne, l'Angleterre, la Suisse lui fournissaient des montres, dont tout musulman a besoin pour savoir l'heure de la prière. Cependant on n'a jamais vu s'ouvrir un atelier d'horlogerie à Smyrne ou à Constantinople. Cette décadence s'est à ce point aggravée au cours du XIXe siècle, que la Turquie en est arrivée à demander à l'étranger les ustensiles les plus indispensables du foyer, le linge, les draps des vêtements, jusqu'à la calotte rouge, le fez, qui est la coiffure obligatoire des indigènes.

Cependant Mouhib effendi signalait en termes excellents les avantages de la politique commerciale des gouvernements européens qui « s'appliquent à enrichir leur pays en favorisant leur propre industrie au détriment de celle du pays voisin, en produisant non seulement en vue de la consommation locale, mais aussi de l'exportation afin de drainer à leur profit l'argent étranger. « Les produits, ajoute-t-il, qu'ils nous achètent à l'état brut, ils nous les réexpédient après avoir été transformés. Ce système leur procure de gros bénéfices. C'est ainsi qu'après nous avoir demandé les laines de nos troupeaux, ils nous les renvoient travaillées par leurs machines sous forme de draps. »

Ces sages avis n'ont rien changé à la situation. La Turquie a cru pouvoir balancer toutes ses insuffisances organiques en recourant aux expédients d'une politique qui lui a permis de vivre jusqu'à ce jour aux frais de l'Europe qui la ravitaillait en espèces sonnantes et en objets manufacturés. Ses amis, qui sont aussi ses fournisseurs, voudraient bien continuer à la ravitailler, mais les temps sont durs et il est possible qu'on la laisse mourir cette fois-ci pour tout de bon, faute de pouvoir l'alimenter.

Il est plus que probable que ce rapport a valu à son auteur la disgrâce qui l'attendait à son retour à Constantinople. Peut-être avait-elle commencé avant qu'il quittât Paris, car on l'y laissa, paraît-il, sans argent, au point que le grand Empereur dut venir à son aide pour acquitter une facture de quelques milliers de francs qu'il devait à son porteur d'eau.

Il est vrai que ce n'est pas là un cas exceptionnel, car la Turquie n'a jamais été exacte à payer les appointements de ses diplomates à l'étranger. Mais pourquoi devait-il tant d'argent au porteur d'eau plutôt qu'à ses autres fournisseurs ? C'est ce que l'histoire ne dit point. A-t-il voulu laisser aux nazaréens la charge de payer l'eau de ses ablutions pour se dédommager des souillures qu'il avait contractées à vivre à leur contact ?

Un autre côté caractéristique de cette relation c'est que l'auteur ne semble juger les institutions qu'il décrit qu'au point de vue du profit qui peut en résulter pour l'État. C'est, en effet, le seul auquel le Divan pouvait être sensible, et le seul qui pût l'engager à les adopter. Cette conclusion revient à chaque fin de chapitre comme un refrain. En vrai fonctionnaire turc qu'il était, il ne voyait dans tout cela qu'une machine à pomper de l'argent. L'administration turque n'a jamais été autre chose.

De Paris Mouhib effendi fait cette brève description :

« Cette ville est l'une des plus grandes qui soient dans les pays infidèles par son étendue et par le nombre de ses habitants. Comme elle n'est entourée d'aucune muraille, on a établi sur les routes qui y aboutissent des bureaux où des employés fouillent les gens, les voitures et tout chargement suspect.

« Toutes ses maisons sont construites en pierre, divisées en étages et disposées de telle façon que les habitants y vivent les uns sur les autres. Cependant, les nobles, les ministres, les maréchaux, les financiers, ont leurs demeures particulières. Les maisons ordinaires sont louées au reste de la population et aux étrangers. Des *hans* sont également mis à la disposition de ces derniers où ils sont logés et nourris moyennant un prix raisonnable pour le pays. S'il veut quitter avant l'expiration du bail la partie de la maison qu'il occupe, le locataire est tenu de prévenir le propriétaire un mois à l'avance, faute de quoi il se voit obligé de lui verser une indemnité égale à un mois de loyer. Un tiers de cette somme est versé au trésor de l'État. Je présume qu'un pays aussi peuplé que la France, qui n'a pas un seul désert ni des tribus vivant sous les tentes, doit rapporter gros à Bonaparte.

« Paris est une ville ancienne, c'est ce qui explique qu'on y voit tant de maisons et de rues peu en rapport avec les progrès accomplis par ce pays. Les quartiers vieux sont traversés de rues étroites et tortueuses où le soleil pénètre rarement. Aussi y respire-t-on les plus mauvaises odeurs pendant les chaleurs de l'été : Elles forment contraste avec les rues nouvellement percées et où l'on a planté de chaque côté des rangées d'arbres pour que chacun y puisse circuler à l'ombre de leur feuillage. Cette coutume de planter des arbres le long des routes et autour des places existe également en Italie.

« Les rives du fleuve qui traverse cette ville sont reliées entre elles de distance en distance par des ponts en pierre. Les piétons payent à l'entrée

1 *para* [1] ; les voitures payent le double. Cette taxe a été établie par les rois au bénéfice des constructeurs qui jouiront de ce privilège l'espace de quarante ans.

« Le soin d'opérer les arrestations des malfaiteurs et de réprimer les attentats est confié à un ministre qui est un officier de distinction. Il a sous son commandement bon nombre de gens de bureau, d'agents et de soldats. Tout litige lui est porté par la partie lésée. Au délinquant il adresse sans retard un billet de convocation. S'il se présente, tout est pour le mieux et l'on s'explique tranquillement. Dans le cas contraire, il lui renouvelle sa sommation par l'entremise d'un de ses agents ; mais, si une fois encore il ne se présente pas au carakol (corps de garde), il le fait arrêter, et sa faute dès lors s'en trouve aggravée.

« Les agents de ce ministre sont vêtus du costume ordinaire des *frenks* ; mais si l'un d'eux se voit obligé de se faire connaître, il soulève le collet de son veston et montre une plaque qui est le signe de son autorité. Chacun alors obéit et s'incline, mais, si l'on s'avise de résister, l'agent n'a qu'un signe à faire pour qu'aussitôt l'on voie accourir à son aide des soldats qui brutalisent le récalcitrant. Ce n'est que dans ce cas particulier que la police use de violence. Bien mieux, tout individu accusé d'homicide ou de révolte à main armée ne saurait

---

[1] Le *para* valait alors deux centimes et demi.

être maltraité, car nul n'est châtié sans jugement.

« Nous avons eu l'occasion plus haut de dire qu'en dehors des assassins, des espions et des faussaires la loi interdit de mettre à mort un particulier quel qu'il soit. Faisons pourtant une exception pour les marchands qui trompent le public... Toutes les fois qu'un boucher ou un boulanger sont convaincus d'avoir vendu à faux poids, ou bien d'avoir haussé leur prix de vente, la police intervient pour fermer leur boutique sur laquelle elle appose les scellés. Aussi, sachant ce qui lui en coûterait, le marchand s'abstient de toute fraude.

« Tout délit est déféré à un tribunal qui juge au criminel. Le coupable est interrogé et des greffiers enregistrent les dépositions des uns et les aveux des autres. Les *gazettes* en font un récit fidèle le lendemain, pour que nul n'en ignore. Les débats se poursuivent ainsi jusqu'à ce que l'affaire soit suffisamment éclaircie et que les juges puissent décider en connaissance de cause. Après quoi le jugement est renvoyé au ministre qui en instruit à son tour l'Empereur, mais dans le cas seulement où il entraîne une condamnation à mort. Si l'Empereur approuve la sentence, le coupable est amené à l'endroit où se font les exécutions. Le bourreau a déjà dressé une espèce de plateforme à hauteur d'homme où l'on accède par un escalier étroit. Un lourd couperet, alourdi encore par deux masses de plomb, est immobilisé à l'extrémité de deux poteaux. Lorsque tout est prêt, le condamné, les mains ligotées et revêtu d'une chemise rouge, est amené dans une charrette. Un prêtre l'accompagne et des soldats l'escortent. Aussitôt qu'il en est descendu, le bourreau le pousse entre les deux poteaux, le visage en bas. Alors, faisant jouer un ressort, le couperet tombe et la tête est tranchée net.

« Cet instrument a été inventé au temps de la République par un médecin qui lui a donné son nom. S'il faut en croire les Français, on exécutait alors des centaines d'individus par jour. Si le criminel est soldat, il est fusillé par ses propres camarades aussitôt après le prononcé de l'arrêt qui le condamne.

« Quant aux voleurs ils sont condamnés au supplice de l'exposition qui dure trois jours, après quoi ils sont conduits en prison d'où on les fait sortir de temps en temps pour aider au nettoyage de la ville.

« Aussi le pays est-il calme et tranquille. Nous n'avons jamais ouï dire qu'un homme ou une voiture aient été dévalisés dans la banlieue. Sans danger pour elles les femmes peuvent sortir et aller d'un quartier à un autre. Tout le pays de France jouit de cette tranquillité, et tous ceux qui ont visité ce pays peuvent témoigner de la vérité de mon rapport. La raison de cette sécurité on peut l'attribuer à ce fait que nul ne peut circuler avec des armes et aussi que la poudre n'est pas une denrée qui se vende librement au bazar. Des lois en réglementent sévèrement la vente. Bref, dans ce pays, en dehors des gens de guerre, nul n'est autorisé à sortir armé. »

D'après l'auteur, tout le mérite en reviendrait à Fouché qui dispose d'un personnel « instruit et qui s'entend à faire son devoir ». Il admire son service d'espionnage et il ne lui en veut point « d'user de toutes sortes d'expédients pour savoir ce qui se dit dans les ambassades. Dans ce but Fouché entretient une foule de mouchards, hommes et femmes. Aucun signe extérieur ne les désigne à l'attention du public où ils passent inaperçus. Les femmes de mauvaise vie, qui pullullent partout, sont dressées à faire causer les gens. Les domestiques, les portiers, les marchands sont requis de rapporter à la police tout ce qu'ils entendent et tout ce qui leur paraît de nature à être rapporté. »

Cette sécurité Mouhib effendi l'explique aussi par cette autre considération que la population se trouve fixée dans des agglomérations où la surveillance est facile.

« Elles sont si nombreuses à travers les campagnes de France, qu'on ne peut faire deux heures de chemin sans rencontrer une ville ou un village. Cela fait que toute l'activité des habitants se porte au travail. Les terres y sont cultivées et nulle part on ne voit des champs abandonnés. Le commerçant ne craint point de faire voyager sa marchandise. Cette sécurité fait de la France un pays florissant et pouvant se suffire à lui-même : le pain, la viande, les fruits abondent sur les tables ; des fleurs de toutes sortes embaument les jardins. On y fabrique des étoffes, des miroirs, des cristaux, des montres, de la porcelaine et ces diverses industries font vivre des milliers d'hommes et de femmes. »

Dans son étude de l'organisation judiciaire il découvre une institution dont il était loin de soupçonner l'existenee.

« Chaque partie, écrit-il, au lieu de se défendre par ses propres moyens remet sa cause à un lettré qui parle et écrit en son nom. C'est ce qu'on appelle *l'avocat*. Ce métier, l'avocat l'exerce en vertu d'un *firman* qui lui est délivré par l'État. Son principal mérite est de connaître par cœur les lois de Bonaparte et de savoir faire des discours. Il en est parmi eux qui jouissent d'un grand renom, ce qui leur vaut d'arriver à la fortune. »

Cette prospérité dont il voit les signes partout, cette tranquillité qu'il constate est faite pour l'étonner. Il ne s'attendait à rien de pareil et toutes ses idées en sont presque bouleversées. Malgré ses préjugés il ne peut s'empêcher de rendre hommage à ce monde si différent du sien, à sa discipline sociale, en tout si opposée au chaos de l'anarchie asiatique. Pour la première fois il constate le respect des lois et l'action bienfaisante d'une autorité régulière, mais, comme un fait aussi extraordinaire pourrait laisser ses lecteurs incrédules, il en appelle au témoignage d'autres voyageurs.

Cela l'amène naturellement à approfondir l'institution du passeport dont il explique de son mieux le mécanisme compliqué. Après avoir raconté les démarches qu'il dut faire à Constantinople pour obtenir les *passavans*, il note ce fait qui déconcerte son fatalisme que la pièce portait que la Turquie était à ce moment délivrée du fléau des épidémies.

« Ce détail est important aux yeux des nazaréens (1), ajoute-t-il. Si, au cours de mon voyage, j'ai pu sans difficulté franchir les frontières de la Hongrie, c'est que la pièce qui m'avait été accordée par l'ambassadeur d'Autriche portait que le choléra avait disparu de Stamboul. Aux gens de négoce, aux voyageurs ordinaires la police accorde un papier sur lequel elle note avec soin tout ce qui concerne leur personne, jusqu'à la longueur de leur nez et la couleur de leurs cheveux. Au moindre soupçon qui pèse sur l'un d'eux, elle le place sous sa surveillance au point qu'il ne peut même louer un cheval qu'après avoir montré ce papier. S'il loue une voiture et qu'il s'arrête à un relais il doit, pour pouvoir passer outre, se soumettre à la même formalité. Il est même tenu d'indiquer le nombre des femmes et des hommes en compagnie desquels il a voyagé. Tout Français qui veut se rendre à Paris doit en donner avis aux autorités de sa résidence. Tout étranger qui voyage pour visiter cette ville est obligé, pour y avoir accès, de s'adresser à l'ambassadeur de France qui avertit la police. J'ai appris que cette dernière mesure n'a été adoptée que pour empêcher les Anglais de pénétrer en France. Je crois en avoir assez dit pour montrer

(1) Les lettrés musulmans désignent les chrétiens par cette appellation qui remonte aux premiers temps du christianisme.

que nul dans ce pays ne vaque à l'aventure et qu'il suffit qu'un particulier manifeste le désir de sortir de chez lui pour qu'aussitôt la police le surveille de près. »

Pour montrer que la rigueur des formalités est égale pour tous, il cite son propre cas :

« Tandis que je m'acheminais vers Paris avec mes compagnons, nous arrivons à l'entrée d'un village où nous devions traverser un pont. Un homme était là pour nous barrer le passage. Il me demande poliment si nous étions la grande ambassade ottomane. Sur notre réponse affirmative, il s'incline, puis nous demande nos papiers. Il en prend note et met sur son registre que nous allions traverser le pont. Cela fait, il nous laisse passer. Mais voilà qu'à l'autre bout un autre homme se présente et encore une fois demande à examiner ces mêmes papiers. Du coup, la patience m'échappe. « *Soubhan Allah* [1] *!* m'écriai-je. L'on sait bien qui nous sommes. Pourquoi donc nous tourmentez-vous ? — Excusez, répondit l'employé. Nous savons bien qui vous êtes ; mais les lois nous font un devoir de vous le faire dire à vous-même une fois de plus. »

Mouhib effendi cherche les raisons de ces tracasseries et ne les trouve point. « Si l'on songe, écrit-il, que la coutume n'existe point chez les nazaréens que des voyageurs se rassemblent pour former des caravanes, on peut se demander pourquoi toutes ces

(1) Dieu ! Quelle merveille.

précautions. Sans doute, les routes y sont fréquentées de jour et de nuit, mais on ne voit jamais des groupes de trente à quarante personnes voyager ensemble. Cependant, l'amour de la sécurité est si vif dans ce pays que le voyageur accepte sans se plaindre les entraves que l'autorité met à la faculté de circuler d'un endroit à un autre. »

Ce qui le choque aussi c'est le contraste qu'il observe entre la licence des mœurs et les sévérités administratives. Son œil a peine à s'habituer à voir « les hommes sur le chemin des femmes et celles-ci sur le chemin des hommes ». Les femmes, on les trouve partout, dans les lieux publics, même dans les ateliers, « car il n'est point en ce pays qu'elles n'entreprennent d'exercer ». Il les retrouve dans les dîners officiels, papillotant autour des gens chamarrés, et ridiculement serrés dans des culottes qui leur moulent les cuisses et qui « réunissent jusqu'à cent cinquante convives, chacun tenant à la main des verres de vin qui les échauffent ». Ce spectacle il l'a vu au palais des Tuileries.

« On verra plus loin, écrit-il, la cérémonie de la présentation de mes lettres de créance. Sur ce point aussi les usages des nazaréens diffèrent des nôtres. Tous les dimanches des chambellans du palais envoient des invitations aux ambassadeurs, aux ministres, aux hauts fonctionnaires, aux rois et aux reines, s'il s'en trouve à Paris.

« Les invités se rendent de bonne heure au palais où ils sont introduits dès qu'ils se sont fait nommer. Les rois, les ambassadeurs, les nobles du pays sont reçus dans un salon garni de sièges. Les ministres de second rang attendent dans un autre salon.

« Afin d'éviter les questions de préséance, l'Empereur a coutume de recevoir dans un salon percé de quatre portes, de sorte qu'on ne sait jamais par où il fera son entrée. L'assistance forme un cercle et lorsqu'il apparaît, il serre la main du premier ambassadeur qu'il trouve sur son passage. Il a pour chacun un mot aimable et le mot varie suivant les besoins de sa politique. Le même cérémonial a lieu du côté des femmes à l'égard desquelles la femme de l'Empereur se comporte comme son mari.

« Tandis que la réception suit son cours les troupes de la garde se massent dans la cour du palais, suivant les formations en usage chez les *frenks*. L'Empereur passe devant leur front puis les fait manœuvrer en tous sens, ne leur laissant aucun repos. Comme il aime les parades militaires, il ne manque aucune occasion de satisfaire ce goût. Toutes les fois que des troupes traversent sa capitale il ne manque jamais de les passer en revue.

« Une ou deux fois par semaine l'opéra *(sic)* du palais joue la comédie où l'Empereur et sa femme restent jusqu'à la fin. Dans cette circonstance ils ne reçoivent point, mais se contentent de saluer. Bien que ces sortes de jeux n'aient aucun caractère officiel, il est d'usage cependant que les ambassadeurs y fassent acte de présence. Comme leur absence pourrait donner lieu à interprétation, surtout si elle n'était pas justifiée par un motif valable, personne ne manque d'y assister. A certaines fêtes l'on illumine et l'on fait de la musique. Des groupes d'invités jouent aux cartes dans les salons.

« En hiver tout ce monde, jeunes et vieux, jusqu'à l'Empereur et sa femme, se livrent à un genre de divertissement appelé *bal* et qui réunit exactement le même nombre d'hommes et de femmes, celles-ci à demi nues. L'usage veut qu'on y danse et ce jeu consiste à mettre une femme dans les bras d'un homme et à tourner ainsi enlacés. Les souverains dansent eux-mêmes comme leurs sujets au son des instruments. Danser n'est pas considéré chez les nazaréens comme une honte. Au contraire : ils s'en glorifient. »

A ce propos, il fait remarquer avec une joie maligne que « chez les nazaréens hommes et femmes fraient volontiers entre eux et s'amusent en toute liberté. Ainsi nul ne trouve à redire que deux personnes de sexe différent montent dans une même voiture et se promènent dans l'intimité. Les fils de la noblesse entretiennent une ou deux maîtresses avec lesquelles ils s'amusent nuit et jour. Ils se donnent tant de mouvement qu'on les voit partout et qu'ils encombrent les rues de leurs équipages. »

« Le lieu préféré pour ces sortes de réunions se trouve dans la cour intérieure d'un palais (1) qui

(1) Le palais royal.

s'élève au milieu de la ville et qui rappelle, mais en plus grand, notre validé han. On y compte plus de 400 boutiques et chambres qui sont occupées par des marchands en bijouterie ; mais la plupart des appartements sont habités par des filles qui y mènent joyeuse vie. Tout ce monde paye impôt et enrichit le fisc, car personne n'est admis à faire quoi que ce soit dans ce pays que les agents du fisc n'interviennent pour prélever la part de l'État. »

Mouhib effendi est émerveillé de voir la ville s'éclairer de lanternes et la population envahir les lieux publics, précisément à l'heure où dans la farouche Stamboul le *bostandji bachi* et les veilleurs des quartiers donnent le signal du couvre-feu. Il n'hésite pas à compromettre la dignité de son turban de *nichandji* en se mêlant à la foule qui, « la nuit venue, envahit les jardins deux fois par semaine pour admirer les feux d'artifice. « Les allées s'éclairent de lanternes munies de deux ou trois becs logés dans des coupes de cristal et la distance qui les sépare a été calculée d'après la lumière qu'elles répandent autour. Les cafés et les restaurants restent ouverts jusqu'à une heure fort avancée et chacun s'y comporte avec familiarité et abandon. Tout aussi bien éclairées sont les rues de la ville, de sorte que les promeneurs attardés n'ont pas besoin pour rentrer chez eux de se munir de fanaux. »

Mais si la liberté licencieuse règne au grand jour de la rue, la maison par contre reste jalousement fermée. Le caractère inhospitalier du Français si souvent remarqué ne pouvait échapper à Mouhib effendi. La porte d'un personnage turc est ouverte à tout venant : celle du Français ne s'entrebâille qu'aux seuls amis. Ce trait de mœurs lui dicte cette page qui ne manque pas de saveur :

« Il est d'usage, écrit-il, quand on va en visite à Paris de demander d'abord au portier qui vous reçoit sur la porte si son maître est chez lui, car il n'est pas permis d'aller plus loin sans sa permission. S'il arrive qu'il soit absent ou s'il vous répond qu'il ne reçoit pas, vous devez vous retirer sans manifester aucune mauvaise humeur. Agir autrement serait incorrect et grossier. Dans ce cas vous tirez de la poche un petit carton sur lequel vous avez fait imprimer votre nom et que vous lui remettez. Cela compte pour une visite. Celui qui le reçoit ne manquera pas de déposer le sien chez vous et cela signifie que la visite est rendue.

« Mais il peut arriver qu'en vous retirant et en levant les yeux en l'air, vous aperceviez celui que vous vouliez voir. En pareil cas on ne doit faire semblant de rien et il serait inconvenant de le saluer. »

En poursuivant son enquête sur les conditions de la vie européenne, il apprend que trois mille fous vivent enfermés dans les asiles parisiens. Bien qu'au fond il nourrisse les idées les moins flatteuses sur la nature des *nazaréens* en général et des Français en particulier, ce chiffre lui apparaît anormal néanmoins et il se demande avec anxiété pourquoi il y a tant de fous dans cette ville.

Le médecin qu'il consulte lui donne diverses explications :

« La première c'est que les troubles qui ont agité ce pays ont aigri le sang des Français. En second lieu, chacun sait qu'ils se creusent le cerveau à faire des inventions. Il arrive même assez souvent qu'un inventeur, épuisé par l'effort qu'il vient de faire, sollicite lui-même la faveur d'aller se reposer un certain temps dans l'un des asiles qu'il a choisi.

« Il en est qui sont conduits là soit par la passion du jeu, soit par celle de l'amour, car l'on peut perdre la raison de plus d'une manière. Les ruines accumulées par les guerres ont fait également tourner la tête à plus d'un négociant. En pareil cas tous ne vont pas à l'hôpital, mais, se retirant à l'écart, ils abrègent leurs jours en se tirant à la tête un coup de pistolet. D'autres prennent le parti de se jeter à la rivière. J'ai vu de mes yeux des gens se noyer volontairement. Ces accidents sont si fréquents même que la police a pris soin de placer aux extrémités des ponts des appareils destinés à repêcher les *cadavres* de ces désespérés. On les expose tels quels trois jours durant aux yeux de la population pour permettre aux parents de reconnaître les leurs. »

Parmi les curiosités de Paris, celle qui appelle plus particulièrement son attention est l'observatoire qu'il appelle le « Palais de l'Astrologie », dont on lui a dit merveille. Il y est reçu par Lalande qui lui montre la lune de *Ramazan* au bout d'une lunette.

« Yermi-Sekiz tchélébi, raconte-t-il, parle d'une

visite qu'il fit dans cet établissement. Je voulus, à son exemple, voir les curieux instruments qui rapprochent les astres. Je fis part de ce désir à Lalande, directeur de l'astrologie, qui me donna un rendez-vous nocturne. A l'entrée de ce palais j'aperçois une rangée de cylindres construits en maçonnerie et lui ayant demandé à quoi ils servaient, il me répondit que c'étaient les margelles des puits par où les astrologues descendaient jadis sous terre pour mieux observer les astres. Ils ont renoncé à cette pratique et les puits ne servant plus à rien ont été fermés. Les lunettes tant admirées par mon prédécesseur ont fait place à d'énormes télescopes qui rapprochent tout ce que l'œil peut voir du ciel.

« Ce soir-là la lune du saint *Ramazan* (1) brillait dans son plein. Je l'ai contemplée longuement à l'aide de cet instrument et ma surprise est inexprimable. On est loin de se douter de ce qu'est la lune quand on ne l'a pas vue dans ces conditions. Tandis que j'invoquais le nom d'*Allah* Lalande me donnait des explications à sa façon, et en rapport avec ses préjugés. C'est ainsi qu'il prétend que si notre globe était divisé en quarante-huit parties égales l'une

(1) C'est dans le mois de Ramazan que le Coran descendit du ciel. Les théologiens précisent la date où se serait accompli cet événement, qui est la 27e nuit de ce mois lunaire. C'est pour s'y préparer dignement que Mahomet a prescrit le jeûne qui dure tout ce temps. Quiconque rompt ce jeûne sans motif légal s'expose à une peine expiatoire. Le gouvernement jeune-turc ne fut pas sur ce point moins sévère que feu Abdul-Hamid. Des particuliers, surpris une cigarette à la main, furent mis en prison en 1910.

d'elles représenterait exactement le volume de la lune. Il ajouta que tout le monde était jadis porté à croire sur la foi de Ptolémée, que la terre était immobile et que le soleil tournait autour, mais voilà qu'un certain Copernic, qui vivait il y a cent quatre-vingts ans, se mit en tête de démontrer le contraire. Tout ce qu'il put dire à ce sujet laissa cependant sceptiques bon nombre de ses confrères. Il s'ensuivit que les astrologues se partagèrent en deux camps, suivant que l'on fut pour ou contre son opinion. En somme la querelle se réduisait à la question de savoir si c'est la broche qui tourne autour du feu ou celui-ci autour de la broche. C'est la première hypothèse qui a fini par prévaloir. Lalande assure que la Lune représente une terre semblable à la nôtre. Que seule la partie frappée par la lumière du soleil est visible et que le reste disparaît dans l'ombre. D'après lui il n'y aurait là qu'un fait analogue à celui d'un vase de cuivre sur lequel une lumière envoie sa lumière. Qu'on déplace le flambeau et aussitôt se déplace le brillant reflété par le métal.

« C'est ainsi que cet homme expliquait ses idées. Tandis qu'il parlait mentalement je répétais : *istaiz billah* et j'invoquais le secours de Dieu. *Kulu hizbin bima lédéhin férihoun* (1).

« Pour subvenir aux frais d'entretien de cette institution, les astrologues publient une fois l'an

---

(1) Tout groupe humain est heureux de ce qu'il croit savoir et de ce qu'il possède.

un almanach que les notables de Paris sont obligés d'acheter. On y trouve une foule de renseignements qui le rendent indispensable. En première page figure un tableau des heures du lever et du coucher du soleil et de la lune. Puis suivent des indications concernant la personne des souverains qui règnent sur la Turquie, la France, l'Autriche, la Russie, l'Espagne, l'Angleterre, le Wurtemberg, la Bavière. On y apprend le nombre de leurs enfants, de leurs frères, la date de leur naissance, l'année de leur mariage. Le nom des ministres de chaque État ; le nom et l'adresse des manufacturiers, des négociants, des banquiers, des maréchaux, des généraux et des dignitaires du palais de l'Empereur. Le devoir du directeur du palais de l'astrologie est d'enregistrer toutes ces choses dans son almanach dont il se vend plus de cent mille exemplaires à raison de six piastres l'un. C'est surtout au commencement de leur année qu'il s'en vend le plus. »

Une visite à la Bibliothèque impériale.

« Au centre de la ville s'élève un vaste bâtiment divisé en étages et en un grand nombre de salles. On m'en avait parlé comme d'une chose à voir et j'y allai après avoir fait prévenir le directeur.

« Je vis en effet des volumes en nombre incalculable alignés sur des rayons superposés [1]. Il y a là

[1] Chez les Orientaux les livres sont couchés à plat.

des livres d'histoire, de science, de poésie, de littérature et d'autres consacrés aux superstitions des nazaréens. Le livre imprimé y abonde plus que tout autre.

« Ce prodigieux amas de bouquins provient de dons faits à l'État par des particuliers, mais surtout des confiscations opérées au cours de la Révolution au détriment des nobles, des prêtres et des poètes. Du moins c'est ce qui m'a été rapporté.

« Au cours de ma visite le directeur m'a introduit dans une pièce où j'ai pu voir une certaine quantité de livres arabes, persans et turcs. Ils auraient été enlevés aux bibliothèques d'Égypte, d'Espagne, d'Italie et de la ville de Pesth. Mais ce qui m'a ému c'est d'y voir deux *corans chérifs*. N'y pouvant rien, je me suis retiré. *Hasbun allah vé nimel vékil* (1).

Leurs hôpitaux.

« En divers quartiers de Paris s'élèvent des bâtiments où les indigents sont traités gratuitement.

---

(1) Ce qui veut dire : *Dieu seul suffit ; c'est notre meilleur vekil.* Ce verset peut s'interpréter ainsi : les infidèles peuvent s'approprier le Coran, mais Dieu est pour nous seul, car ils ne sauraient l'atteindre.

Mouhib effendi est scandalisé de voir un exemplaire du Coran dans des mains profanes. Seul le musulman a le droit de toucher le *livre de Dieu* qu'il n'ouvre jamais sans l'avoir porté à ses lèvres et fait ses ablutions. Une fois la lecture faite, il le pose dans un endroit convenable, de façon qu'il soit placé au-dessus de tout livre ou écrit profane ou même religieux pouvant se trouver dans la même pièce.

L'infidèle, être essentiellement impur (*mourdar*), ne saurait toucher impunément ce livre.

Les savants de l'école de médecine sont obligés de leur prêter leurs soins. A cet exercice ils acquièrent une expérience de leur art qui leur sert à se faire bien payer ceux qu'ils prodiguent aux gens riches. Ils sont assistés par un grand nombre d'étudiants à qui ils abandonnent le gros de la besogne.

« Tous ceux qui y *crèvent* (1) sont destinés à être coupés en morceaux par les médecins devant un cercle de ces étudiants pour leur apprendre la nature des corps. En vertu du règlement établi dans ces hôpitaux, tout individu qui y succombe devient la propriété du médecin qui l'a soigné, et qui fait de son cadavre ce que bon lui semble. Quiconque y est admis ne peut se soustraire à ce traitement : il est censé avoir fait don de son corps à l'État. Il n'y a que les individus qui succombent dans leur domicile qui soient exempts de cette obligation.

« Il m'est arrivé pendant mon séjour à Paris de visiter les salles où gisaient sur des tables des cadavres dont l'âge variait de deux à soixante-dix ans. J'admirais dans ces corps ainsi exposés la puissance de Dieu qui a pu créer des êtres parfaits. J'y ai vu des élèves attentifs se presser autour pour ne rien perdre des enseignements du professeur. En été, on renonce à cet usage à cause de la puanteur qui se dégage des chairs pourries. Aussi le professeur se contente de discourir sur des pièces en cire qui

(1) Crever est le mot dont les Turcs se servaient pour indiquer la mort du chrétien.

imitent la nature à s'y méprendre. Les muscles, les nerfs, les veines, sont rendus avec une vérité si surprenante qu'on croirait se trouver en présence de débris humains. L'imitation est si parfaite que celui qui n'a pas vu cela de ses yeux ne peut s'en faire une idée.

« On montre, disposés par ordre, dans des salles spacieuses, de vrais débris humains, conservés dans des bocaux et vieux de plusieurs siècles. Au milieu de ces horreurs figurait une tête bien conservée qui attira notre attention. *Vah !* C'était une tête de musulman. On se rappelle que pendant le séjour des Français en Égypte un maugrabin poignarda leur général (1). Cet événement eut lieu dans un jardin au cours d'une audience que ce dernier lui avait accordée. Après l'assassinat, ils lui firent expier son acte en le martyrisant. Je récitai une prière à son intention avec mes compagnons.

« La science qui enseigne à accoucher les femmes est également en honneur dans ces hôpitaux. Toute femme se trouvant dans un état intéressant peut s'y faire admettre. Des étudiants, qui font de cette science l'objet principal de leurs études, se mettent à son service au nombre de huit à dix... Ils la soignent et l'examinent à tour de rôle, et nul autre qu'eux n'a le droit de l'approcher. Une fois par semaine, ils se livrent sur elle à un examen général. Ensemble, ils lui tâtent

(1) Il s'agit de Kléber, assassiné au Caire par un étudiant de l'université d'El-Azhar nommé Suleïman.

le pouls, examinent le ventre et les autres parties du corps. Après l'accouchement elle quitte l'établissement avec son enfant. Des filles se mêlent à ces étudiants pour aller exercer, une fois instruites, le métier d'accoucheuse en ville.

« Je me suis procuré un exemplaire du livre qui enseigne cette science pour en faire une traduction, mais nous avons dû abandonner ce travail à cause de l'absence de termes équivalents en notre langue.

« Qu'on n'aille pas s'imaginer que l'enseignement des sciences médicales y soit gratuit. Les étudiants sont astreints à de grandes dépenses. Le professeur qui a écrit sur l'une des matières qu'il enseigne un livre spécial est obligé de l'enseigner en quarante leçons ; mais on n'est admis à assister à ses leçons qu'après avoir versé à la caisse de l'École deux livres hongroises. Ce tarif est publié par les *Gazettes*. Le professeur ajoute à ce revenu le casuel des visites, soit un louis d'or, qu'il touche toutes les fois qu'il se rend au chevet d'un malade opulent.

« Ces hommes n'aiment point à s'expatrier et aucune promesse ne pourrait les décider à quitter leurs fonctions pour se rendre à l'étranger. Ceux qui s'expatrient ne savent pas grand'chose (1). »

---

(1) Les médecins, en Turquie, se partageaient en deux classes. Il y avait le *Hekim* qui puisait sa science dans les livres arabes et qui divisait les maladies en *chaudes* et *froides*. Quant au traitement, il administrait des remèdes *échauffant* ou *rafraîchissant*.

La seconde catégorie comprenait le chirurgien ou *Djerrah* qui joignait ce métier à celui de barbier. Ils pansaient les plaies, trai-

Leurs bâtards.

« On voit un autre établissement uniquement réservé aux enfants ramassés de droite et de gauche. On les compte par milliers, tant garçons que fillettes. On peut dire de ces enfants qu'ils appartiennent à l'État auquel ils doivent la vie, car sans lui personne ne s'en soucierait : ils mourraient de privation dans les rues où ils sont abandonnés dès leur naissance. Aussi une fois grandis ils prennent service dans les armées de Napoléon et ne connaissent plus d'autre métier que celui de soldat.

« Voilà pour les garçons.

« Quant aux fillettes, elles entrent en condition chez les particuliers, puis on les marie. On les emploie également à jouer la comédie dans les *opéras* de Paris.

« Lorsque les parents veulent retirer un de ces enfants de l'établissement, ils sont tenus d'indemniser l'administration de tous les frais qu'elle a faits pour l'élever. »

Leurs vieilles femmes.

« Un autre établissement d'un genre différent s'élève au bout de la ville, entouré de jardins. Des

---

taient les fractures, pratiquaient les circoncisions, les saignées printanières, appliquaient les ventouses, arrachaient les dents, ouvraient les abcès, Sans instruction aucune, ils n'avaient pour les guider dans toutes ces délicates opérations que l'expérience acquise dans la pratique journalière.

centaines de vieilles s'y entassent pour finir leurs jours ensemble, mais elles n'y sont admises qu'à partir de soixante ans. Quand une vieille se voit sur le point d'être abandonnée elle s'adresse au directeur de cette maison qui la reçoit moyennant un droit d'entrée de 4.000 piastres, payé une fois pour toutes. La cuisine lui sert deux repas par jour. Comme le directeur héberge de la sorte plusieurs centaines de femmes, l'on est en droit de croire qu'il doit faire de bonnes affaires. »

Leur armée.

Voici un fragment du chapitre qu'il consacre à l'armée :

« Les lois qui gouvernaient la France ont été respectées par Bonaparte, mais sous la pression des circonstances il en a créé de nouvelles qu'il a coordonnées dans un livre qu'on appelle code. La loi militaire exige que tout Français arrivé à l'âge d'homme soit soldat. Pour rejoindre son corps, il n'attend qu'un appel. Tout ce que je pourrais dire à ce sujet serait obscur si je n'expliquais d'abord que chez les nazaréens hommes et femmes sont baptisés par le prêtre trois jours après leur naissance. Le nom du baptisé est inscrit par ce même prêtre sur un registre où sont signalés non seulement les naissances mais les décès. Par l'effet de cette superstition qui permet à l'État de vérifier le nombre et l'âge de ses sujets, nul ne peut se soustraire au service militaire.

« Pour faire ses guerres la nation a reconnu la nécessité de fournir à l'Empereur un contingent annuel de 80.000 hommes. Afin d'assurer la levée régulière de cette masse d'hommes, chaque département envoie à Paris deux délégués qui sont logés dans un palais. Leurs décisions sont soumises à leur président qui les soumet à l'approbation de l'Empereur. Le chiffre de la levée est notifié aux délégués qui le communiquent aux chefs-lieux où, pour éviter tout motif de récrimination, les jeunes gens sont soumis à un tirage au sort...

. . . .

« Si grande est la diligence apportée aux choses de l'armée que les Délégués sont choisis de telle façon que leurs opinions ne soient jamais en opposition avec celles des ministres dirigeants...

« Après huit ou dix années de service, si le soldat n'est pas tué ou blessé, il est libéré. S'il est atteint d'une blessure et s'il n'a personne pour l'assister, on le reçoit dans un grand *sérail* où il est nourri et logé jusqu'à la fin de ses jours.

« Ces lois, les Français s'efforcent de les introduire dans les pays qu'ils ont nouvellement conquis. »

La Garde impériale.

« En dehors de l'armée 40.000 soldats de toute arme sont choisis parmi les hommes de forte taille. Leur office est de garder l'Empereur nuit et jour. Ils sont casernés dans les environs de la ville et l'on voit à chaque instant des détachements de ce corps traverser les rues pour monter la garde au palais...

« Toutes les fois que l'empereur sort en voiture un peloton de cette garde, variant de cent cinquante à deux cents hommes, l'escorte à cheval. La nuit ils éclairent sa marche de torches allumées qui font que tout le monde s'écarte sur son passage. En campagne, de forts détachements entourent sa personne qu'ils ne perdent jamais de vue. La garde ne prend aucune part aux actions à moins que la nécessité ne l'y oblige. Bien que ces soldats soient vêtus à la *franca*, ils n'en portent point la coiffure ordinaire. Ils se coiffent d'un grand bonnet en peau de loutre à la manière des *delil* de la Mecque (1). Sur ce bonnet retombent des ganses et des cordonnets... »

Leurs écoles.

« Comme nul Français ne peut se soustraire à l'action des lois, les enfants de la noblesse ou des particuliers enrichis dans le négoce sont soumis à l'obligation de s'instruire. Leur instruction les mène aux situations les plus élevées de l'armée et de l'administration. Dans ce but, le gouvernement a ouvert des établissements dans la capitale et dans les principales villes du pays sous le nom de *pensions* où ils reçoivent une instruction conforme aux vues de l'Empereur.

---

(1) *Delil*, cicerones qui guidaient les pèlerins dans leur marche vers les Saints-Lieux du Hedjaz.

Celui-ci s'est assuré le concours des lettrés qui se font payer en conséquence. Les élèves y jouissent de tout le bien-être désirable moyennant un prix fixe. Un congé limité leur est accordé tous les deux mois.

« Une autre catégorie d'écoles dites impériales, ne reçoit que les fils des maréchaux, des généraux, des hauts dignitaires et dont la pension est payée sur la cassette de l'Empereur. Ils portent un uniforme spécial pour que chacun les reconnaisse. A leur sortie, ils passent des examens, puis ils sont distribués dans les différentes armes où ils occupent un rang en rapport avec leurs aptitudes.

« Dans toutes ces écoles, les nazaréens enseignent d'étranges choses. Ce n'est pas assez de dire qu'ils témoignent d'étonnantes aptitudes pour les sciences. Il faut ajouter que leur esprit s'attache à tirer parti de leurs connaissances. Ainsi, ils appellent *chimie* une science qui ne peut être vraisemblablement que celle que nous désignons nous-mêmes par *El-Kimika* (alchimie) ; mais chez eux il s'agit moins de transmuer le cuivre en or ou de changer le verre en rubis que d'étudier les métaux, les arbres, les pierres et enfin tout ce qui existe dans la nature. Leurs recherches, à ce que j'ai compris, ont pour but de pénétrer la cause qui fait, par exemple, que la pierre se transforme en chaux et s'effrite sous les doigts ; pourquoi les unes sont susceptibles d'être polies, les autres colorées ou parfumées. Pourquoi les arbres distillent les uns la gomme, les autres le mastic, le sucre ou le poison ? Tout cela est bien pourtant le produit de la même terre, issu d'une même argile. Aussi croient-ils intéressant de rechercher les raisons qui les rendent si dissemblables entre eux. Pour atteindre ce but ils ont ouvert ce que dans leur langue ils appellent *cabinet.* Le gouvernement y a installé des appareils de forme bizarre, de grands et de petits bocaux où ils renferment des échantillons de ce que l'Asie, l'Europe et l'Afrique, les îles, la mer contiennent de choses rares ou précieuses : l'or, l'argent, des pierres précieuses, le fer, le plomb, le cuivre, le mercure ; puis des terres de couleur jaune, rouge et blanche, des éclats de bois pareils à la nacre. Plus loin sont les insectes de toutes formes et de toutes grosseurs, des poissons et du bois pétrifiés, des éléphants, des lions, des tigres, des serpents, des singes, des abeilles, etc., conservant toutes les apparences de la vie. Les métaux, comme les animaux, servent de sujet de leçon aux lettrés...

« Ces derniers ne sont pas moins habiles dans l'art de dessécher les animaux. J'en ai vu à Pesth de bien curieux. Mais le plus singulier je l'ai vu à Paris. Il ressemblait à un petit âne et n'avait que trois pieds. Le troisième était fixé à la racine de la queue. On y voit beaucoup de choses semblables, mais je m'arrête, car je ne saurais tout raconter.

« Dans ces mêmes écoles on enseigne la physique à la mode nazaréenne. Les lettrés du pays prétendent que l'air que nous respirons serait un composé d'air *vital*, d'air *mortel* et de *feu*. L'air, d'après eux, renfermerait les éléments les plus contradictoires, mais *Dieu seul sait tout*... A la vérité c'est merveille de voir les instruments par lesquels ils font les expériences qui servent à démontrer leur science... »

Mouhib effendi fait ici le récit d'une expérience à laquelle il assista sur la décomposition de l'air. « Après avoir expliqué les mystères de l'*Alchimie* française, il ajoute : « Voilà ce que j'ai vu de mes yeux. Le lettré me proposa de faire la même expérience, mais je m'y refusai. Il me montra d'autres instruments non moins étranges pour expliquer, disait-il, les éclairs et la foudre qui tombe du ciel. Ne me souciant pas d'en voir davantage, je me retirai (1). »

Où Mouhib effendi décrit la première exposition.

« Nulle part, écrit-il, les arts ne sont aussi activement cultivés que chez les *nazaréens*. Un exemple de cette activité c'est le spectacle qu'il m'a été donné de voir. On vient d'élever dans le centre de la ville un bâtiment divisé en nombreux pavillons qui communiquent entre eux par des couloirs. On y a exposé tout ce que le monde contient de pierreries,

(1) Le diplomate turc sort du laboratoire plus scandalisé que convaincu. J'assistai un jour à un examen à la Faculté de médecine de Constantinople. Questionné sur un point de physiologie l'étudiant répondit d'une manière assez satisfaisante, puis il ajouta, en manière de conclusion : « Tout ça, ce sont des idées que je ne saurais adopter. Je suis musulman et ma religion m'interdit d'y croire. »

de bijoux, d'ustensiles en or, en argent; des machines, des pendules, des armes : canons, pistolets, fusils, et autres engins de guerre dont l'énumération n'aurait point de fin. Dans un pavillon spécial l'on a entassé des outils à l'usage des artisans. Tous ces objets sont disposés avec ordre et les plus précieux sont enfermés dans les vitrines. Cette foire où rien ne se vend, mais où tout est exposé pour l'agrément des yeux et l'instruction du monde, a été organisée par le gouvernement non seulement pour inspirer à chacun le goût des arts, mais pour faire connaître les œuvres des inventeurs et en perpétuer le souvenir. A l'exemple de mon prédécesseur, je rapporterai avec exactitude tout ce que j'y ai vu :

« A côté des objets de création récente, on a placé intentionnellement, pour susciter des comparaisons, le produit similaire du type ancien. A côté des objets précieux placés là pour faire connaître la gloire de l'État, qui sont en or, en cristal et en ivoire, on a placé des échantillons de chaux et de brique, des toiles et des draps, des tentes, des instruments de géométrie, des scies, des poulies et autres choses semblables.

« Lorsqu'un particulier est pris de l'envie de faire une invention, il parcourt les galeries, examine tout, et, si cet examen lui suggère une idée nouvelle, il rentre chez lui pour la réaliser. Toutefois, s'il s'aperçoit que ce qu'il avait dans l'idée est déjà inventé, il se borne alors à y apporter des modifications avantageuses. Son œuvre achevée, il la présente à l'examen d'un groupe de savants qui se prononcent sur son utilité. Si elle est jugée bonne, il reçoit une médaille ou une récompense en argent, puis un droit de vente exclusif.

« C'est ainsi qu'un industriel, auteur d'une charrue, reconnue supérieure aux autres, obtint le monopole de la vente. Un autre ayant perfectionné une machine à feu dont le travail égalait la puissance de 12 hommes, le gouvernement l'en récompensa par la cession d'un monopole de vente qu'il s'empressa d'exploiter et qui bientôt l'enrichit. Cette pompe à feu, je l'ai vue comme tout le monde. Là où il fallait douze chevaux pour accomplir un travail, un seul homme suffit, plus un sac de charbon pour entretenir le feu sans lequel la pompe ne fonctionnerait pas : on voit à quel point le travail s'en trouve simplifié. Et pourtant cette machine ne mesure qu'une dizaine de *zerdals* de surface, mais sa structure est si merveilleuse que la gravure la mieux faite ne saurait en donner une vue exacte. Ainsi plus besoin d'animaux et par suite d'orge, de foin et de paille, ni de palefreniers.

« Ce curieux objet me remet en mémoire la tentative d'Arakil *ousta*, l'inventeur de l'outillage de notre poudrière, pour faire que les vaisseaux de guerre pussent remonter le Bosphore par vent contraire. Il présenta à l'arsenal, au temps de Hussein pacha, un *gabion* de son invention auquel il adapta je ne sais quelle machine munie de cylindres qui dépassaient les sabords de chaque côté. Quatre ou cinq hommes auraient suffi pour le diriger. A l'aide de ce simple appareil il se faisait fort de remorquer les vaisseaux à trois ponts jusqu'à la rade de Bouyouk-Déré, malgré les courants les plus violents. Arakil *ousta* ne fut point écouté, et l'invention en resta là. C'est en cherchant dans les *galeries* si je ne trouverais pas un instrument semblable à celui de l'*ousta* de la poudrière que je découvris la pompe à feu citée plus haut. La seule différence (que j'ai pu établir entre les deux systèmes), c'est que celui de Stamboul ressemblait à un *cabestan*. Cependant des hommes instruits m'ont assuré que ces diverses machines n'ont encore donné aucun résultat appréciable...

« L'entrée des galeries est ouverte au public deux fois par semaine et les femmes y ont accès en même temps que les hommes. Les ambassadeurs et les personnes spécialement invitées y peuvent pénétrer tous les jours. »

Mouhib effendi visite consciencieusement les imprimeries où « toute publication de quelque nature qu'elle soit passe sous le contrôle de l'autorité qui censure et retranche des textes tout ce qui pourrait nuire aux intérêts de l'Etat ».

« J'ai visité celle du *Moniteur* dont le matériel est arrangé dans un ordre parfait. De nombreux casiers sont là contenant les caractères des alphabets turc, grec, syrien, hébraïque, allemand, russe et d'autres langues inconnues. J'ai visité la fonderie, les ateliers où chacune de ces langues occupe une place à part. J'ai observé que les typographes ignorent tous celle des livres qu'ils composent, mais qu'ils n'en étaient pas moins habiles à les composer, sans doute par un effet de l'habitude. J'y ai compté jusqu'à cent cinquante presses, pareilles à celles de Scutari. Le *Moniteur* consomme, m'a-t-on dit, une dizaine de charrettes de papier. Son personnel comprend un effectif de 600 ouvriers. On doit savoir que dans les pays du *frenghistan*, hommes et femmes sont obligés de lire les *gazettes* et leur impatience à savoir ce qu'elles contiennent fait qu'on les voit lire même sur la voie publique. Nous payions 25 francs notre abonnement trimestriel au *Moniteur* et nous étions abonnés à six autres gazettes, ce qui nous revenait à 72 francs par trimestre.

« Pendant mon séjour à Paris, on construisit une machine de bronze pour l'impression des livres turcs et arabes. En apparence, elle réalisait un progrès, mais à l'épreuve, les résultats qu'elle donna furent médiocres. Comme j'exprimais mon opinion au directeur, à ce sujet, il me répondit qu'il s'était aperçu lui-même de ses imperfections, mais qu'il pensait l'utiliser encore quelque temps avant de la refondre.

« Comme j'allais me retirer, il me présente une feuille sortant tout humide de la presse où je lis qu'elle a été tirée « en souvenir de la visite que Mouhib effendi, envoyé extraordinaire de la Sublime Porte, a faite à l'imprimerie nationale ».

« J'ai eu plus d'une fois l'occasion d'observer que les ouvrages imprimés avec des caractères en plomb manquent de netteté. C'est le cas de l'ouvrage

Amentu Birguivi Cherhi dont mon père est l'auteur. Au cours du tirage j'essayai d'y remédier en soumettant le papier à un fort polissage, mais je ne tardai pas à m'apercevoir de l'inutilité de mes efforts. Pour obtenir un résultat appréciable il aurait fallu le rouler un millier de fois, et dans ce but j'avais fait fabriquer un rouleau spécial. Or, je ne pus dépasser la centaine. A Paris, je m'informai s'il n'existait pas un procédé qui me faciliterait la besogne. On me montra un cylindre que j'expédiai à Stamboul et dont nos imprimeurs ont eu à se louer. »

Du commerce et de l'institution appelée poste.

« Les nazaréens sont des calculateurs habiles et leurs gouvernements s'ingénient à qui mieux mieux pour donner au commerce de leur pays le plus grand développement. Ils s'avisent, pour s'enrichir, d'expédients les uns plus surprenants que les autres... Ils utilisent dans ce but le cours des fleuves, les ruisseaux, le vent, la force naturelle de tous les éléments. Où il y a de l'eau, ils construisent un moulin hydraulique ; où l'eau fait défaut, ils élèvent un moulin à vent...

« ... Ce système (commercial) est complété par cette étonnante administration des postes dont je tenterai d'expliquer les procédés dans la mesure où j'ai pu les comprendre...

« Ce service (des *postes*) mérite également l'attention par la sévérité qui préside à son fonctionnement. Si quelqu'un se présentait, par exemple, au nom du gouvernement pour réquisitionner des chevaux affectés au service, il serait honteusement chassé. Je ne parle pas seulement du simple fonctionnaire, mais l'Empereur lui-même ne serait pas mieux reçu et il ne pourrait en tous cas disposer des chevaux sans payer.

« Voici un fait dont j'ai été témoin : Un jour on signala à la frontière l'arrivée de l'ambassadeur de Perse. Les autorités envoyèrent aussitôt à sa rencontre un *Mihmandar* (1), mais elles eurent soin, en même temps, de lui donner l'argent nécessaire pour défrayer l'hôte jusqu'à Paris, si bien que celui-ci n'eut pas à débourser un *para* tout le long de son voyage. Cependant chacun sait que les pays infidèles sont chiches de leur argent.

« Les localités traversées par un haut fonctionnaire de l'État ou par un général qui va prendre un commandement ne sont nullement obligées de contribuer à leurs frais de déplacement. Dans ces pays, chacun, petit ou grand, voyage suivant ses moyens propres. Les mœurs y sont telles que si un fonctionnaire se permettait d'user de son autorité pour réquisitionner le matériel des postes, les particuliers ne manqueraient pas de se prévaloir de son exemple. Telle est la raison pour laquelle les courriers de

(1) Fonctionnaire que la S. Porte attache à un étranger de distinction voyageant en Turquie.

l'État disposent d'un matériel indépendant. Ils ne sont autorisés qu'à louer moyennant finance, aux relais, les chevaux dont ils ont besoin.

« Il a été créé, en outre, pour la commodité du public, un système de voitures économiques, appelées *diligences*. On peut les comparer à nos *bazars-caïks* du Bosphore. Ces voitures stationnent au milieu des places où elles attendent les voyageurs qu'elles transportent moyennant un prix fixé par un tarif. Hommes, femmes, enfants s'y entassent pêle-mêle avec leurs bagages. On sait d'avance l'heure du départ et, par suite de la régularité du service, celle de l'arrivée. Le soir, le gîte et un repas les attendent dans l'une des nombreuses auberges semées sur la route. S'ils refusent de manger le repas qu'on leur sert, ils n'en payent pas moins leur écot. C'est ce qui advint à nos serviteurs qui avaient refusé de toucher aux plats par crainte de manger du porc. Les postillons nous firent observer, pour nous engager à payer, que l'aubergiste n'avait pu prévoir que des musulmans se trouveraient parmi les voyageurs. Bon gré mal gré nous dûmes payer un repas que nous n'avions pas mangé. »

Le Départ.

« Aussitôt que l'Iradé me rappelant à Constantinople me fut communiqué, je remis les pouvoirs à Ghalib effendi, notre premier secrétaire, qui était à ce moment atteint d'une maladie grave. Aussi avions-nous décidé, avant de quitter Paris, que s'il venait à mourir, le drogman serait appelé à le remplacer. Munis de nos passeports, j'entrepris de gagner Constantinople par la voie de terre et de faire voyager les gens de ma suite par la voie de mer. Cependant nous voyageâmes de conserve jusqu'à Marseille. Trois jours après notre départ, nous arrivions à Lyon, ville importante, dont la population se livre à l'industrie des étoffes de soie et de laine. Son commerce est très actif, encore qu'elle n'exporte plus ses produits en Angleterre à cause de la guerre ; mais, comme le reste du monde lui est ouvert, elle redouble d'efforts pour se créer de nouveaux débouchés. Nous étant remis en route, nous arrivions à Marseille après trois jours de marche. Peu après nous y recevions la nouvelle de la mort de Ghalib effendi en même temps que la transmission de ses pouvoirs au drogman. Le mauvais temps nous contraignit à rester dans cette ville plus que nous ne l'aurions voulu et nos gens ne purent embarquer qu'au dix-huitième jour de notre arrivée. Le temps s'étant remis au beau, le navire put lever l'ancre et, avec l'aide de Dieu, mit le cap sur l'île de Malte. Quant à nous, nous nous acheminâmes vers Toulon.

« Marseille est une grande ville sur la mer blanche et son port est assez bien abrité. Le château qui en défend l'entrée fut détruit pendant la révolution. Il peut contenir jusqu'à deux cents navires de commerce, mais aujourd'hui il est à peu près abandonné. Avant que la guerre éclatât avec l'Angleterre le mouvement du port était de trois cents navires et son commerce était florissant. On n'y voit plus aujourd'hui que quelques vaisseaux sous pavillon ottoman (1).

« Le soir venu, au signal d'un coup de canon, une chaîne est tendue d'un môle à l'autre, à travers de massifs anneaux de fer. Dès lors aucun navire n'est plus admis à y pénétrer. L'entrée en est même interdite aux simples embarcations. Un fanal y est allumé après le coucher du soleil, et de chaque côté s'élèvent des postes où des soldats montent la garde nuit et jour. Ces précautions ne sont pas inutiles, car il ne se passe pas de jour où l'on ne voie apparaître au large deux ou trois navires anglais. La population se plaint vivement de cet état de choses.

« L'on peut dire que l'Eyalet de Provence vit de son industrie et principalement des transactions du port de Marseille où s'accumulent les denrées de la Turquie, de la Tunisie, de l'Algérie et du Maroc. J'ai pu m'assurer par moi-même de la cherté

(1) Ces vaisseaux étaient hydriotes et spetziotes. Avant la Révolution française le commerce en Levant appartenait presque exclusivement à la France. Il se faisait par *caravanes*, c'est-à-dire que les bâtiments partis de Marseille allaient faire relâche dans les différentes échelles du Levant pour y décharger leurs marchandises. Les comptoirs que l'on y établissait relevaient de la Chambre de commerce de Marseille. La Révolution et les guerres qui suivirent ont ruiné ce commerce. Les traditions s'y perdirent et la concurrence s'y établit. Le commerce grec fut le premier à mettre à profit les événements politiques. La marine des îles moréotes date de cette époque, ce devait être le facteur principal de l'émancipation de la Grèce moderne.

excessive des denrées, encore que l'Eyalet soit réputé pour sa fertilité.

« M'étant arrêté plusieurs jours à Toulon, on me fit savoir que je pouvais visiter l'arsenal et je m'empressai de profiter de la permission. Je pénétrai d'abord dans une salle où étaient exposés une multitude de vaisseaux en miniature auxquels rien ne manquait de ce qu'il faut pour naviguer. L'usage est de fabriquer un petit modèle de chaque navire en construction et il y avait là toute une flottille de l'aspect le plus curieux. J'y découvris également plusieurs modèles de « pompes à feu » Ensuite, je pénétrai dans un vaste bâtiment haut de plusieurs étages et contenant tout ce qui est nécessaire pour faire la guerre : carabines, pistolets, sabres français et autres engins de guerre. La voilerie est à côté, puis viennent la plomberie et la poulierie. Des ouvriers libres y travaillent confondus avec des galériens condamnés aux travaux forcés. Un chef d'atelier me dit que l'arsenal occupait trois catégories d'ouvriers : les journaliers, les déserteurs et les condamnés pour vol et assassinat. A chacun, indistinctement, l'arsenal impose une besogne en rapport avec ses connaissances et ses aptitudes physiques. Ceux qui ne savent aucun métier sont employés à transporter les lourds fardeaux. En vue de les encourager au travail et pour les détourner du mal, la direction leur alloue, au moment de leur mise en liberté, une somme d'argent. L'usage d'abréger la durée de la peine à laquelle un criminel a été condamné n'existe pas chez les *frenks*.

« Des cales s'alignent, innombrables, au bord de l'eau. Il y en avait cent cinquante en maçonnerie construites sur le modèle des nôtres. Je parcourus plus rapidement que je n'aurais voulu les ateliers de forge et de mécanique, puis de vastes ateliers où l'on fabrique des affûts de canons, et des roues, ainsi que différents autres objets qui entrent dans l'armement des vaisseaux. Des ouvriers appartenant aux trois catégories d'individus signalés plus haut, y travaillent en grand nombre. Une grue s'élève à cet endroit, dont les dimensions me parurent si extraordinaires que je ne cessai de l'admirer. J'y ai vu également un marteau gigantesque lequel, en tombant d'une certaine hauteur, perfore et façonne le fer avec une surprenante facilité. A proximité d'un bassin destiné à la réparation des navires, mais qui est moins grand que celui de Cassim pacha, une soixantaine d'hommes étaient occupés à manœuvrer quarante pompes. Surpris de voir tant de gens engagés dans une besogne que je jugeai inutile, je ne pus m'empêcher d'en parler au directeur qui m'accompagnait. Il m'expliqua que cette manœuvre n'avait d'autre but que d'occuper tous ces criminels dont l'inaction pourrait avoir des suites dangereuses à cause de leur grand nombre. En effet, ils étaient plus de dix mille, tant galériens que déserteurs. Dans l'impossibilité de loger cette quantité d'hommes dans l'arsenal, on s'est avisé d'aménager les entreponts des vieux navires où ils sont conduits le soir quand leur tâche est finie.

« L'arsenal a la forme d'un bassin et de toutes parts une muraille l'enveloppe. A l'extérieur, s'ouvre un autre port où l'on construisait à ce moment des frégates et des galions. Autour du bassin se développe une série de constructions closes. Au loin, un groupe d'îles forme comme une rade immense. Une quinzaine de jours auparavant, l'amiral anglais y avait fait une soudaine apparition à la tête de vingt vaisseaux. Cette flotte mouillait hors de la portée des canons et débarquait ses malades sur la plage que l'amiral installait sous des tentes et où ils séjournaient une vingtaine de jours sans que personne osât les inquiéter. Je tiens ces détails des Français eux-mêmes. Cependant ces derniers disposaient à ce moment de forces respectables. J'ai pu moi-même compter, ancrés dans le port, quatre vaisseaux de ligne et quatorze frégates prêts à prendre la mer. Ils avaient en construction deux vaisseaux à trois ponts, en outre sept ou huit vaisseaux en armement. Je ne fais pas entrer en ligne de compte les dix-huit transports qui étaient en voie de construction à Toulon, dont trois à Marseille.

« L'amiral français nous ayant invités à aller lui rendre visite à son bord, il nous envoya sa chaloupe. Il nous reçut à la coupée, et se mit en devoir de nous faire les honneurs de son navire. Tandis que nous visitions les batteries deux rayas grecs se jetèrent à mes pieds, me suppliant de les prendre en pitié. Ils avaient été capturés à bord d'un navire anglais par des corsaires français. Je les rassurai de mon mieux et je leur promis de m'entremettre en leur faveur auprès de l'amiral. Après un instant de repos et au moment de prendre congé je le priai de rendre la liberté aux deux Grecs. Il me les remit sur-le-champ. En apprenant cette nouvelle les deux prisonniers se crurent rappelés à la vie et je les retrouvai remerciant le ciel avec ferveur. »

Leurs navires corsaires.

« Je rappellerai qu'il existe trois sortes de puissances militaires : celle dont la force n'est que terrestre, celle dont la force est à la fois terrestre et maritime, et enfin celle dont la puissance est fondée exclusivement sur la marine.

« Les deux dernières, outre leur flotte régulière, s'appliquent à construire des navires de course qu'ils arment contre l'ennemi. En temps de guerre les commerçants, les banquiers, les gens riches et nobles se cotisent pour construire des vaisseaux qu'ils confient à un marin expérimenté et à un bon équipage. Le gouvernement participe à l'armement en donnant au navire un pavillon, la solde aux équipages et des vivres pour plusieurs mois. Les prises sont débarquées dans les ports, ou bien sur les côtes des nations alliées. Elles sont mises en vente et le produit en est partagé entre l'équipage et le capitaine. Cette répartition s'effectue suivant des règles établies, auxquelles chacun se soumet. Mais quand les affaires tournent mal et qu'au lieu de prendre on est pris, le gouvernement, s'il y a lieu, les indemnise de leurs pertes. Cette forme de course revêt l'aspect d'une opération commerciale, et les *frenks* ne l'envisagent point de mauvais œil. J'ai vu à mon passage à Marseille un navire de course dont l'équipage se composait de Tunisiens musulmans et de Grecs. Toutes les fois qu'un conflit s'élevait entre eux, le cas était déféré aux tribunaux spéciaux établis dans les ports.

« Outre le dommage qu'ils causent à l'ennemi, les bateaux-corsaires constituent d'excellents éclaireurs capables de fournir à ceux qui les utilisent de précieux renseignements en temps de guerre.

« Après avoir quitté Toulon, la première ville qui se présenta fut Nice, qui appartient au roi de Sardaigne. J'ai pu la voir d'une hauteur où s'élèvent les ruines d'un vieux château qui a son histoire. On m'a raconté que les Arabes de Tunis, après s'être emparés de cette position, livrèrent la ville aux flammes. Le château fut détruit et il se trouve encore dans l'état où ils le laissèrent. La ville ne s'est jamais relevée complètement de ce désastre. Son port est néanmoins bien défendu, et l'on y remarque une caserne. Je ne pouvais me lasser d'en admirer les environs où les jardins succèdent aux bois d'orangers et de citronniers dont l'aspect réjouit le cœur. Les fleurs y croissent en telle abondance que les habitants en exportent de grandes quantités à Paris.

« Après, nous gagnâmes Villefranche, dont la rade abritait à ce moment trois navires à l'ancre. On nous assura qu'elle en pourrait contenir de cinquante à soixante. Plus loin est Savone où se trouve actuellement interné le pape de Rome. Il lui a été défendu de s'établir ailleurs, et l'on peut croire qu'il ne sortira plus de cette place. De là nous nous rendons à Gênes où régnait dans le peuple une grande misère. Les faubourgs de cette ville et les villages des environs souffrent du plus grand dénuement et l'on m'a assuré que la population y mourait littéralement de faim. Malgré cette situation, le recrutement militaire s'y poursuit, comme en Provence, avec la plus grande rigueur. La jeunesse du pays, par groupes de 5 à 600 hommes, est envoyée sur les champs de manœuvres pour y être exercée. Toute la partie du littoral comprise entre Marseille et Gênes est garnie de canons en prévision d'une attaque des Anglais. De distance en distance, l'on a placé des installations télégraphiques pour signaler les tentatives de débarquement que leurs vaisseaux y pourraient faire. Aussitôt qu'apparaît à l'horizon une voile suspecte, tous les postes sont prévenus et l'alerte est générale. Nonobstant ces précautions les navires anglais n'en renouvellent pas moins, comme il leur plaît, leurs provisions d'eau. Arrivant inopinément sur un point de la côte, ils effrayent la population qui les laisse agir à leur guise.

« De Nice à Gênes, le voyage s'accomplit à dos de mulet, à cause du mauvais état des routes. Nous dûmes escalader une montagne abrupte dont le parcours nous prit quatre heures de la journée. La campagne est fertile et entièrement recouverte d'oliviers et de châtaigniers ; de tous côtés s'étendent de belles cultures. L'on est en train d'y construire une route carrossable qui contourne le pied des montagnes et qui doit, dit-on, mener de Nice à Gênes. Cette dernière ville est grande. De vastes palais attirent nos regards en traversant les rues. Ils sont ornés de hautes colonnes et d'escaliers de marbre du plus magnifique effet. Les portes qui y donnent accès sont aussi élevées que celles de nos *hans* de Stamboul. La brique dont ils sont construits est de la couleur de la décoration qui est le vert antique. Ce sont incontestablement les constructions les plus solides que j'aie vues en Europe. Dans le port, des corsaires français sont mouillés non loin des môles.

« Puis, nous traversons Campo-Moro et la ville de Piacenza où s'élève un château. Sa campagne est arrosée par le Pô qui est le plus grand fleuve de l'Italie. Le volume d'eau qui gonfle son lit en hiver est trois fois plus considérable qu'en été. Je traverse plus loin un autre fleuve, la Trébigne, dont j'ai entendu souvent prononcer le nom à Paris, à cause de la bataille que Français et Autrichiens s'y sont livrée en ces derniers temps. Elle aurait été si acharnée que les eaux en furent troublées.

« Puis nous traversâmes successivement Keramote, Pouzzole où s'élève un château construit en briques,

Mantoue où nous admirons un autre château, Edebella (?) et sa citadelle romaine, Cartoletto, Callomonte, Udine où s'élève une autre fameuse citadelle, puis Coridjé sur la frontière, qui aurait été cédée par les Autrichiens aux Français. Après avoir fait une halte à Lobiata, autrement dit Lyntch, je visitai Trieste, puis Fiume sur l'Adriatique, Costanitza, sur les bords du Lono. Je m'arrêtai ensuite quelques jours à Dubnitza pour y célébrer les fêtes du baïram en compagnie de mes frères musulmans. Ensuite, m'étant remis en chemin, je parcourus les étapes de Banialvka, Isvonik, Tchélébi-Pazari, Tachlidja, Pierpol, Ieni-Pazar, Wulschtrin, Pristnia, Coumanova, Kustendil, Pazardjik, Filippé, Edirné. Le 28 du mois de Zilhidjé 1226, j'atteignais la Der-Saadet [1]. Moins heureux que nous, nos compagnons, qui s'étaient embarqués à Toulon, sont tombés aux mains des Anglais qui les ont gardés prisonniers pendant quarante jours ; remis en liberté, ils sont arrivés à bon port en même temps que nous, ce qui nous a fort étonnés. Que Dieu donne la paix aux musulmans ; qu'ils soient heureux sous les auspices de l'État sublime. Amen !

[1] Maison de félicité. C'est ainsi que les Turcs désignent Constantinople à l'imitation des Arabes qui donnaient ce nom à Bagdad.

ÉDITIONS BOSSARD, 43, RUE MADAME
PARIS (VIe)

EXTRAIT DU CATALOGUE

AUGUSTE GAUVAIN. — **L'Europe au Jour le Jour.** — Recueil d'histoire contemporaine.

Tome I. — LA CRISE BOSNIAQUE (1908-1909). Prix... **7.50**

Tome II. — DE LA CONTRE-RÉVOLUTION TURQUE AU COUP D'AGADIR (1909-1911). Prix..... **7.50**

Tome III. — LE COUP d'AGADIR (1911). Prix.......... **7.50**

Tome IV. — LA PREMIÈRE GUERRE BALKANIQUE (1912). Prix.......................... **7.50**

Tome V. — LA DEUXIÈME GUERRE BALKANIQUE (1913). Prix.......................... **9** »

Tome VI. — LES PRÉLIMINAIRES DE LA GUERRE EUROPÉENNE (1913-1914). Prix............ **9** »

Tome VII. — LA GUERRE EUROPÉENNE (juin 1914-février 1915). Prix .... **12** »

Tome VIII. — LA GUERRE EUROPÉENNE (février 1915-novembre 1915). Prix.............. **12** »

Tome IX. — LA GUERRE EUROPÉENNE (novembre 1915-septembre 1916). Prix,............. **15** »

P.-N. MILIOUKOV. — **Le Mouvement intellectuel russe** (Traduit du russe par J.-W. BIENSTOCK). Avec 4 portraits. Prix .... **12** »

A. ALBERT-PETIT. — **La France de la Guerre.**
— Tome I. — (Août 1914-mars 1916). Prix .... **9** »
— Tome II. — (Mars 1916-septembre 1917). Prix...... **9** »
— Tome III. — (Septembre 1917-juin 1919). Prix..... **12** »

Président W. WILSON. — **Messages, Discours, Documents diplomatiques relatifs à la guerre mondiale.** — Traduction conforme aux textes officiels, publiée avec des notes historiques et un index par DÉSIRÉ ROUSTAN, professeur de philosophie au Lycée Louis-le-Grand. **Volume I :** *18 août 1914-8 janvier 1918 ;* **Volume II :** *11 février 1918-4 mars 1919.* — Appendice et Index. 2 vol. in-8 (*se vendant séparément*). Prix de chacun....... **4.50**

ERNEST LÉMONON. — **L'Allemagne vaincue.** — Un vol. in-8. Prix **7.50**

EUGÈNE GASCOIN. — **Les victoires Serbes de 1916.** — 20 photographies, une carte hors texte. Un vol. in-8. Prix **4.80**

JULES CHOPIN (*alias* Jules PICHON). — **L'Unité de la Politique Italienne.** — Une carte hors texte. Un vol. in-16 Bossard. Prix **2.70**

LOUIS HAUTECŒUR. — **L'Italie sous le Ministère Orlando, 1917-1919.** — Un vol. in-8. Prix **7.50**

AUGUSTE BOPPE. — **A la suite du Gouvernement Serbe.** *De Nich à Corfou* (20 octobre 1915-19 janvier 1916). Une carte hors texte. Un vol. in-16 Bossard. Prix...... **3 »**

AUGUSTE GAUVAIN. — **L'Encerclement de l'Allemagne.** — Un vol. in-16 Bossard. 1919 (7e mille). Prix....... **3 »**

FERNAND ROCHES. — **Manuel des Origines de la Guerre.** — *Causes lointaines.* — *Cause immédiate.* Préface de M. A. DE LAPRADELLE, professeur de Droit des Gens à la Faculté de Droit de Paris. Avec un tableau synoptique en deux encres et un index des noms propres (500 pages). 1919 (3e mille). Prix **6.60**

A. LUGAN. — **Les Problèmes internationaux et le Congrès de la Paix** (*Vue d'ensemble*). — Un vol. in-8. 1919 (2e mille). Prix **3.90**

JACQUES ANCEL. — **L'Unité de la politique Bulgare 1870-1919.** Avec une carte hors texte en déplié. — Un vol. in-16 Bossard. Prix **2.40**

AUGUSTE GAUVAIN. — **L'Affaire Grecque.** — Un vol. in-16 Bossard. 1918 (8e mille). Prix .... **3 »**

CHARLES FRÉGIER. — **Les Étapes de la Crise Grecque, 1915-1918.** Préfoce de M. Gustave FOUGÈRES, directeur de l'Ecole française d'Athènes. — Un vol. in-16 Bossard. Prix **3.90**

ÉMILE LALOY. — **Les Documents secrets des Archives du Ministère des Affaires étrangères de Russie publiés par les Bolchéviks.** — Un vol. in-16 Bossard. 1920. Prix **3.90**

ABBEVILLE. — IMPRIMERIE F. PAILLART.

www.ingramcontent.com/pod-product-compliance
Ingram Content Group UK Ltd.
Pitfield, Milton Keynes, MK11 3LW, UK
UKHW020925180726
13838UKWH00002B/761